TIGER PRESS

MICHAEL BALLWEG
RALF LUDWIG

RICHTIGSTELLUNG!

Es war noch nie falsch, quer zu denken

Ein Gespräch mit Mathias Bröckers

TIGER PRESS

Die Deutsche Nationalbibliothek verzeichnet diese Publikation in der Deutschen Nationalbibliografie; detaillierte bibliografische Daten sind im Internet über http://dnb.d-nb.de abrufbar.

FSC www.fsc.org
MIX
Papier | Fördert gute Waldnutzung
FSC® C083411

ISBN 978-3-910972-02-5

Umschlagfotos: Alex Kivrakidis
Umschlaggestaltung: Johannes Bröckers
Druck und Bindung: CPI – Clausen & Bosse, Leck
Printed in Germany

Inhalt

Vorwort

Michael Ballweg, IT-Unternehmer und Gründer der Querdenken-Bewegung, wurde im Juni 2022 verhaftet und in Untersuchungshaft genommen. Vorgeworfen wurden ihm Betrug und Geldwäsche: Er hätte Schenkungen, die ihm für Querdenken zugeflossen waren, privat vereinnahmt. Der Nachweis, dass er für die Organisation der Querdenken-Demonstrationen mehr ausgegeben als über Schenkungen eingenommen hat, half ihm genauso wenig wie die Tatsache, dass keiner der über 9 000 Schenker sich geschädigt gefühlt und ihn angezeigt hat. Wegen »untauglichem versuchten Betrug« war er neun Monate in der JVA Stuttgart-Stammheim in Untersuchungshaft und wurde Anfang April 2023 entlassen. Kurz zuvor hatte die Staatsanwaltschaft beim Landgericht Stuttgart Klage eingereicht, die aber am 6.Oktober 2023 abgewiesen wurde. Die 10. Große Wirtschaftskammer des Landgerichts Stuttgart konnte in diesem Fall weder Betrogene noch einen Betrüger erkennen und will kein Strafverfahren eröffnen. Die Staatsanwaltschaft hat gegen die Nichteröffnung beim Oberlandesgericht Beschwerde eingelegt.

Da hat einer die größten Demonstrationen einer außerparlamentarischen Opposition seit Bestehen der Bundesrepublik auf die Beine gebracht, die nicht mehr einforderten als ihre von fragwürdigen Corona-Verordnungen außer Kraft gesetzten Grundrechte der Versammlungs- und Meinungsfreiheit – und wandert dafür ins Gefängnis? Das kann eigentlich nicht sein, weshalb offensichtlich mit anderen Mitteln versucht wurde, Ballweg aus dem Verkehr zu ziehen: mit einer Anklage wegen Betrugs, die auf »versuchten Betrug« und dann auf »untauglichen versuchten Betrug« umgetextet wurde, weil es weder Betrogene noch einen Betrüger gibt. Absurd, aber als staatsanwaltliche Anklage weiterhin valide: Ballweg hat zwar niemanden betrogen, aber – so der Vorwurf – er wollte es eigentlich und war nur nicht fähig (zu blöd?) dazu, weshalb es sich um einen »untauglichen« Betrugsversuch handelt. Also ein Gedankenverbrechen. Aber ausreichend für 9 Monate U-Haft und die Beschlagnahmung seines gesamten privaten Vermögens, das er sich in mehr als 20 Jahren als selbstständiger Software-Unternehmer erarbeitet hat.

Im September 2023 habe ich Michael Ballweg und seinen Rechtsanwalt Ralf Ludwig getroffen und mir diese unglaubliche Geschichte angehört. Es ist die Geschichte eines »Unpolitischen«, der nie auf einer Demonstration war, bis er die erste seines Lebens selbst anmeldete; der von großen Konzernen als »Querdenker« engagiert und sehr gut bezahlt wurde, weil er über den Tellerrand ihrer Organisation und Systeme hinausschauen konnte; der sein eigenes Geld in die Hand nahm und die »Querdenken«-Bewegung initiierte, die Millionen inspiriert hat, ihre demokratischen Grundrechte einzufordern, die willkürlichen Notstandsmaßnahmen – Rodelverbot für Kinder! – zum Opfer gefallen waren; der die von Zensur und »Cancel-Kultur« verrammelten Debattenräume wieder öffnen und gewaltfreien Widerstand gegen eine zunehmend totalitäre Desinfektion des Meinungskorridors leisten wollte. Hat sich ein solcher Mensch der »Delegitimierung der Demokratie« schuldig gemacht, wie der Verfassungsschutz wähnt, oder ist er nicht eher einer ihrer vorbildlichen Verteidiger? Ist er einer der

»gefährlichsten Anführer« der Querdenken-Bewegung Deutschlands, wie »Die Zeit« im August 2023 schreibt, oder stellen nicht sie und die anderen Großmedien, die unisono die Tödlichkeit des Virus und den Infektionsschutz durch Impfung beschworen, die viel größere Gefahr dar? Braucht eine echte Demokratie, brauchen ihre Medien und ihre Politik, nicht mehr Querdenker wie diesen Michael Ballweg, oder sollen diese – die nächste »Pandemie« kommt bestimmt – am besten schon vorsorglich aus dem Verkehr gezogen und mundtot gemacht werden? Eine neue Normalität dieser Art kann sich niemand wünschen, dem Freiheit, Demokratie und Rechtsstaatlichkeit am Herzen liegen.

Mathias Bröckers
Zürich, 20.Oktober 2023

Mathias Bröckers:

Ich sitze hier mit einem der »gefährlichsten Anführer« der Querdenken-Bewegung , Michael Ballweg, so die »Die Zeit« Ende August 2023. Bevor wir dazu kommen, warum dieser Mann so »gefährlich« ist, würde ich aber gerne wissen, wie er in diese Rolle als Staatsfeind Nummer eins überhaupt geraten ist.

Michael Ballweg:

Dazu muss ich ein bisschen ausholen. Ich bin 1974 geboren, in einem kleinen Dorf in der Nähe von Wertheim am Main im konservativ geprägten Main-Tauber-Kreis an der württembergischen Grenze zu Bayern. Wenn es nach meinen Eltern gegangen wäre, hätte ich Priester oder Beamter werden sollen. Hat aber gar nicht geklappt, denn schon meine Mama hat immer gesagt, ich wäre ein fröhlicher Rebell. In der Schule musste ich viele Strafarbeiten machen und wurde dann aufs Gymnasium geschickt, um mit Latein zu beginnen. Das hat mir nicht gefallen, ich habe ein bisschen aufgemuckt und bin dann vom Gymnasium geflogen, Mitte der achten Klasse. Weil ich nur wenig Englischkenntnisse hatte, musste ich zurück zur Hauptschule und danach aufs Wirtschaftsgymnasium, wo ich das Abitur gemacht habe. Dort, auf dem Wirtschaftsgymnasium, hatte ich dann zum ersten Mal einen Lehrer, der mich verstanden hat. Der hat mich dann nicht mehr mit Strafarbeiten bedient, sondern mich einfach sein lassen, so wie ich bin. Ich saß meist in der letzten Reihe und habe »Spiegel« gelesen oder »Stern« oder den »Wiener«, ein kritisches Magazin damals. 1995 ging ich nach Stuttgart und habe dort bei Alcatel ein duales Studium der Betriebswirtschaft gemacht. Vorher hatte ich noch mit einem Luft- und Raumfahrttechnik-Studium geliebäugelt, das war mir dann doch zu physikalisch. Auch ein IT-Studium habe ich mir überlegt, aber mit IT habe ich mich die ganze Zeit nebenbei immer schon befasst.

Ich bin ja aufgewachsen mit dem Commodore C64 und 286er PC und habe in der Jugend auf dem Dorf viel Zeit vor dem Rechner gesessen. Und mit 18 ging es dann sozusagen ab in die Freiheit mit eigenem Auto: einem grünen Golf 1, den ich mir selber zurechtgebastelt hatte. Ich habe mein Leben von Anfang an selbst finanziert. Deshalb habe ich mir auch ein duales Wirtschaftsstudium ausgewählt. Man arbeitet drei Monate und verdient Geld und studiert dann drei Monate. Alcatel SEL war damals noch groß in Stuttgart als Digitalkonzern und Konkurrent von Siemens. Aber es war auch ein Behördenapparat, bei dem hat es mir nicht wirklich gut gefallen. Deshalb habe ich dann während meines Studiums schon begonnen, selbstständig zu werden, und nach dem Abschluss auch direkt eine Internetagentur und Systemhaus gegründet.

Wie sah das aus mit dieser frühen Selbstständigkeit?

Ich habe damals, 1997/1998, also mit 23, schon datenbankgestützte Webseiten programmiert. Ich bin schon immer ein großer Automatisierungsfan gewesen, weil ich auch schon ein bisschen faul war. Über die Automatisierung habe ich versucht, die repetitiven Tasks zu automatisieren und Systeme zu machen, die den Menschen diese repetitiven Tasks – total langweiliges Webseiten Erstellen, HTML Schreiben usw. – abnehmen. Dann habe ich angefangen, Datenbanken aufzusetzen, und die ersten mittelständischen Kunden gewonnen. Später dann kamen Bosch, Mercedes, Daimler dazu, an denen man im Stuttgarter Raum ja nicht vorbeikommt. Ich bin also gestartet als Internetagentur und Systemhaus und habe da festgestellt, dass ich eigentlich nur ein Durchlauferhitzer der Großkonzerne bin, sprich: Ich stelle Menschen ein, versuche die zu überreden, 60 Stunden die Woche zu arbeiten, und verkaufe diese Leistung dann günstig an die Großkonzerne. Ich habe bald verstanden, dass das kein gutes Geschäftsmodell ist, weil man letztendlich nur Erfüllungsgehilfe für die Großkonzerne ist, die das praktisch nicht mehr selbst machen mussten. So habe ich dann um 2006 umgestellt: nicht mehr Internetagentur und Systemhaus, sondern Produktgeschäft. Weil man im Produktgeschäft nicht mehr Zeit gegen Geld als Geschäftsmodell hat, sondern über das Produkt einen ganz anderen Hebel. Dann habe ich 2011 für die Robert Bosch GmbH angefangen, das Thema »Senior-Experten« via Software zu automatisieren, das heißt, dass Rentner, Experten im Ruhestand, wieder projektbezogen bei Großkonzernen arbeiten können. Das war ein internationales Projekt, das ich für Bosch in acht Ländern zum Einsatz gebracht habe, in Deutschland, Österreich, Großbritannien, Indien, Brasilien, Mexiko, USA und Japan.

Rentner sind doch auf Rente, gehen mit dem Hund spazieren oder schneiden die Hecke im Garten. Wozu braucht es da eine Software für die »Senior-Experten«?

Generell haben wir das Problem der demografischen Entwicklung in Deutschland oder in Europa, dass wir eine überalternde Gesellschaft sind. Und wir haben gleichzeitig das Problem des Technologiewandels, also von der Mainframe, dem Großrechner, zu kleinen Laptops, aber auch vom Verbrennungsmotor zum Elektromotor, vom kabelgebundenen Aufzug zum Magnetaufzug, der dann auch um die Ecke fahren kann, all diese neuen Technologien.

Die alten Technologien werden an den Unis nicht mehr gelehrt, die Studenten lernen das nicht mehr und die Menschen, die das können, sterben aus. Gleichzeitig gibt es aber noch einen großen Bedarf, denn diese alten Systeme lassen sich nicht von heute auf morgen abschalten. Den Verbrennungsmotor wird es noch lange geben und auch die alten Aufzüge zum Beispiel. Und da haben die Großkonzerne festgestellt, dass die Rentner prima geeignet sind: Sie haben auf der einen Seite dieses Fachwissen, möchten teilweise noch was tun, noch mal ein bisschen arbeiten, haben ein großes Expertenwissen und lassen sich nicht so schnell aus der Ruhe bringen. Das haben die Großkonzerne entdeckt und dann gesagt, also wir setzen die Rentner bei akuten Problemen ein oder wir machen so Tandems aus Jung und Alt, damit die jüngeren Leute ein bisschen begleitet werden, eine Art Mentoring haben. Das lief bei Bosch sehr, sehr gut, weltweit waren da fast 10 000 Personen in diesem Pool, und damit hatte der Konzern eine Kapazitätsreserve.

Du hast also eine Datenbank aufgebaut, wo sich Menschen, die schon in Pension sind, melden konnten.

Nicht nur die Datenbank, sondern die ganzen Arbeitsprozesse, die notwendig sind, von der Anstellung über die Zeiterfassung bis zur Abrechnung. Bei Bosch und bei ThyssenKrupp haben wir das noch eingeführt, bei ZF auch, und die Senioren haben dann einfach projektbezogen weitergearbeitet und hatten viel Freude dran. Und auch ich hatte viel Freude, mit den Menschen zu arbeiten, es war, wie gesagt, ein internationales Projekt, in den USA und sogar in Indien, wo man es ja nicht so vermutet, weil man denkt, die müssten dort doch genügend Menschen haben.

Wie kamst du denn auf die Idee, die ja nicht unbedingt auf der Hand liegt?

Ich hatte hauptsächlich Prozessberatungen gemacht und bei Bosch schon über 120 Projekte. Und irgendwann kam die Bosch Management Support GmbH auf mich zu und hat gesagt, wir haben da dieses Problem, wir würden gerne unsere Excel-Datenbank oder die Access-Datenbank, die sie damals hatten, digitalisieren – und ich habe gesagt, gut, dann machen wir eine webbasierte, also eine internetbasierte Lösung, wo die Experten direkt zugreifen können und die Fachabteilungen auch. So wurde das Ganze immer größer, und weil es in Deutschland so erfolgreich war, hat man es dann auch international gemacht.

Für all das gibt es, glaube ich, sogar einen Begriff, der »Lopez-Effekt«. Lopez war in Europa der Personalmanager von General Motors, der sollte Opel ökonomisch durchforsten und hat dann dort alle Älteren, die teuer waren, quasi rausgeschmissen und nur junge Leute eingesetzt. Aber später mussten sie die Senior-Experten wieder teuer einkaufen, die alten Fachkräfte wurden noch gebraucht. Lopez ist dann zu VW gewechselt, wo man daraus gelernt und gesagt hat: Es muss immer einen Mix aus Erfahrung und jungen Leuten geben, weil es ansonsten, wenn man die Erfahrung verliert, am Ende sehr teuer wird, da man sie wieder einkaufen muss.

Das lief also etwa ab 2011 sehr gut und ich hätte das noch 20 Jahre weitermachen können mit den großen Kunden. Um 2018 ist aber der Wunsch bei mir gereift: Ich habe jetzt erst einmal genug gearbeitet. Von da an bis 2020 habe ich Bosch signalisiert, dass ich aussteigen und das Produkt verkaufen möchte. Mir war klar geworden, dass ich noch mal was ganz anderes in meinem Leben machen wollte, ich wusste aber nicht genau, was. Auf jeden Fall wollte ich mal ein Jahr reisen. Ich war zwar auf vielen Geschäftsreisen überall, aber die sind total langweilig – Flughafen, Hotel, Büro, Hotel, Flughafen –, also hat man nicht wirklich viel gesehen von der Welt. Ich hatte meinem Sohn zum 18. Geburtstag eine gemeinsame Backpacking-Tour durch Japan geschenkt und dann festgestellt, wie schön das ist, so ganz einfach zu reisen. Da habe ich den Plan gefasst, die Welt noch einmal mit dem Rucksack zu bereisen. Anfang 2020 war es endlich so weit, dass ich meine Software an Bosch verkauft habe, etwa eine halbe Million dafür bekam und mir sagen konnte: Jetzt kann ich reisen.

Also ein »Sabbatical«, ein Sabbat-Jahr, einlegen, wie man heute sagt.

Genau. Ich war im Januar noch mal bei Dr. Joe Dispenza zum Meditieren. In Vorbereitung auf die Auszeit hatte ich 2019 mit Meditation begonnen. Ich hatte ein Retreat bei Dr. Dispenza gebucht, aber bevor man dahin geht, bekommt man erst mal Hausaufgaben, und das meiste davon besteht aus Meditieren. Ich hatte mich vorher schon ein wenig damit beschäftigt, über Vorträge des Mentaltrainers Dieter Lange und die buddhistische Philosophie letztlich. Also ein langsamer Ausstieg aus dieser materialistischen Sache.

Ich hatte ja früher viele Autos, teure Hobbys, teure Urlaube. Man hat halt viel gearbeitet, war im Hamsterrad, und wenn man das macht und Geld verdient, will man sich auch dies oder das jetzt leisten – erst einen Audi TT, dann einen Aston Martin und so weiter – und kauft einen Haufen Scheiß. Meinen ersten Aston Martin hatte ich mit 30, und wenn man vom Dorf kommt, gibt's die Motivation, allen zu zeigen, dass man es geschafft hat, und man brummt mit den dicken Schlitten herum. Dann aber stellst du fest, dass die Befriedigung nur relativ kurz anhält. Wenn du den Aston drei Monate gefahren bist, kickt er dich nicht mehr. Und dann sagst du: Okay, what's next. Du bist in der Konsummühle, und die zwingt dich, im Hamsterrad zu bleiben. Da wollte ich raus, mit dem Rucksack. Und zwei Tage vor dem ersten Lockdown 2020 in China waren die Verträge mit Bosch unterzeichnet.

Aber mit der Rucksackreise durch Asien war es dann nichts mehr …

Ja, stimmt, aber ich hatte viel Zeit, und es kamen die ersten Bilder aus China, wo Leute einfach umfallen, in Wuhan, sehr spooky. Es gab nur wenig Informationen, und ich habe mich auf Telegram angemeldet. Und war dann noch richtig glücklich darüber, dass ich die Verträge unterschrieben hatte und raus war, denn ich hatte keine Lust, in diesem System weiterzuarbeiten.

Und dann kam dieser komische Post auf Twitter vom Bundesgesundheitsministerium, es wäre eine Verschwörungstheorie, dass ein Lockdown geplant wäre in Deutschland. Ich sah die Videos von Wolfgang Wodarg, wo ich anfangs sehr stark geschwankt bin, einen Tag bin ich ihm gefolgt, den anderen Tag habe ich ihn wieder gelöscht. Ich war unsicher. Daheim habe ich mit der Familie gut zwei Wochen Lockdown gemacht. Und in der Zeit habe ich dann die Videos von Professor Bhakdi gesehen, die Ansprache an die Bundeskanzlerin, die Sachen von Bodo Schiffmann, Wolfgang Wodarg und anderen. Und habe gesehen, wie viel gelöscht wurde und wie man diese ganzen Widersprüche von wirklichen Fachleuten einfach ausradiert hat. Da hab ich mich gefragt: Wie funktioniert denn Demokratie eigentlich, wenn jede Kritik gelöscht wird, und draußen darf ich mich auch nicht mehr versammeln? Dann gab es noch diese Bilder aus Berlin, vor der Volksbühne wurde demonstriert und die Demo wurde aufgelöst, und eine junge Frau stand da mit dem Grundgesetz in der Hand, und der Berliner Polizist sagte, Grundgesetz brauchen wir jetzt nicht mehr.

Die Zeit des ersten Lockdowns war also so etwas wie die Inkubationszeit, die aus dem erfolgreichen Unternehmer Michael Ballweg den »gefährlichsten Mann« der Querdenker hervorgebracht hat?

Ich habe zuerst einen Post gemacht auf Facebook, dass ich bereit bin, 25 000 Euro zu bezahlen für einen Anwalt, der mich rechtlich unterstützt, eine Demo angemeldet zu bekommen, aber auch für eine Marketingagentur, die dafür eine Kampagne ausarbeitet.

Es gab schon eine Gruppe in Stuttgart, die ohne Anmeldung protestiert hat auf dem Schlossplatz, die wurde von der Polizei drangsaliert, mit Platzverweisen und Festnahmen. Als ich mit denen redete und sagte, dass ich auf legalem Weg das Demonstrationsrecht durchsetzen will, warfen sie mich raus, nach dem Motto: Das braucht man nicht, wir sind im Widerstand.

Dann wurde ich auf den Anwalt Ralf Ludwig aufmerksam gemacht. Wir telefonierten, und ich sagte ihm, dass meine Anmeldung einer Demonstration von der Stadt Stuttgart einfach nicht entgegengenommen wurde. Er riet mir dann, eine weitere Demo anzumelden und auf einem Ablehnungsbescheid zu bestehen.

Zum Glück sitze ich hier nicht nur mit dem »gefährlichsten Mann«, sondern auch mit seinem Rechtsanwalt Ralf Ludwig, der sich dann einschaltete. Wie lief das mit der ersten legalen Demonstration in Stuttgart?

Ralf Ludwig:

Gegen einen Ablehnungsbescheid hätten wir beim Verwaltungsgericht vorgehen können. Aber den haben die Behörden verweigert und gesagt: Weil in der Verordnung steht, dass Demonstrationen verboten sind, müssen wir keinen Bescheid geben. Sie haben nicht bestätigt, dass sie ablehnen. Sie haben einfach nur gesagt, es ist verboten, deswegen machen wir nichts. Außerdem haben sie das Formular zur Anmeldung von Versammlungen von der Webseite gelöscht.

Man konnte einfach keine offizielle Versammlung mehr anmelden. Richtigerweise muss man eine Versammlung auch gar nicht anmelden, sondern muss sie eigentlich nur anzeigen. Jede Versammlung ist erlaubt, bis sie verboten ist. Und das haben sie dann in der Verordnung umgedreht. Und von vornherein gesagt, alle Versammlungen sind verboten, und wenn alle verboten sind, kannst du auch keine mehr anzeigen, weil sie ist ja eh verboten. Also haben sie damit quasi die Rechtsschutzmöglichkeiten außer Kraft gesetzt. Wir sind dann erst, in ganz typischer Prozedur, zum Verwaltungsgericht. Das Verwaltungsgericht hat gesagt, guck doch in die Verordnung rein, man darf doch nicht. Dann sind wir zum Verwaltungsgerichtshof Baden-Württemberg, die haben sich dann noch ein bisschen über uns lustig gemacht: Was wollt ihr denn, es ist doch verboten. Und dann sind wir zum Bundesverfassungsgericht und das Verfassungsgericht hat gesagt: Eine Versammlung kann man nicht von vornherein verbieten. Das Verfassungsgericht hat 2020 noch das Versammlungsrecht hochgehalten, ein

Fundament der Demokratie schlechthin, und gesagt, dass man es nicht einfach pauschal aushebeln darf.

In einer repräsentativen Demokratie haben die Bürger über bestimmte Möglichkeiten ja Mitspracherecht. Eines der Mitspracherechte ist das Wählen, mit dem die politischen Repräsentanten bestimmt werden. Aber in der Zeit dieser vier Jahre, die die Repräsentanten im Parlament sitzen, muss es ja auch bürgerliche Mitspracherechte geben, und ein konstitutives Grundrecht ist natürlich die Versammlungsfreiheit: dass man als Bürger auf die Straße gehen und gegen das protestieren kann, was die Repräsentanten im Parlament beschließen.

Deshalb hat das Verfassungsgericht dann auch in eurem Sinne entschieden?

Michael Ballweg:

Ja, Freitagabend um 23 Uhr, ich hatte schon gar nicht mehr damit gerechnet, dass da was passiert, kam dann die Entscheidung vom Bundesverfassungsgericht. Ich hatte schon geschlafen, als Ralf anrief, weil ich da schon ein bisschen frustriert war, wie aufwendig das alles ist. Ich war das nicht gewohnt als Unternehmer, vor allem nicht, dass man auch so drangsaliert wird vom Staat. Die Versammlungsbehörde, die das immer rausgezogen hat wie Kaugummi, hat praktisch immer auf Zeit gespielt. Und dann kommt irgendwann am Abend um 23 Uhr der Bescheid. Meine damalige Frau und ich haben noch versucht, unseren Freundeskreis zu mobilisieren, die alle dankend abgelehnt haben. Ich selbst hatte so einen Rucksack mit Grundgesetz-Texten auf dem Rücken, meine Frau auch, und wir sagten uns: Okay, jetzt kommt keiner mit, dann gehen auf jeden Fall wir da mal hin und laufen halt zur Not mit unserem Rucksack ein bisschen durch die Gegend. Und dann waren aber interessanterweise etwa 180 Leute schon da. Ich hatte nur so eine ganz kleine Bluetooth-Box und konnte damit die Auflagen durchsagen. Ich hatte sie schon eingesprochen auf Handy, hatte ja noch nie im Leben eine Versammlung organisiert. Und ich war eigentlich nur froh, dass wir es geschafft hatten. Das Ziel war einfach nur, dass wir mit unserem Grundgesetz dastehen durften.

Das war die erste Demonstration deines Lebens als Teilnehmer und auch die erste als Veranstalter: in Stuttgart rumstehen mit dem Grundgesetz in der Hand?

Das war meine allererste Demo, also sowohl als Besucher als auch als Veranstalter.

Also der kleine Rebell Michael Ballweg hat nicht schon auf der Schule Proteste gegen den Direktor organisiert? Oder gegen den Krieg irgendwo und sich nicht irgendwie politisch engagiert?

Ich war Rebell dergestalt, dass ich mich dem System nicht untergeordnet und immer ein bisschen Blödsinn gemacht habe. Der Autorität ein bisschen ausgewichen bin. Ich war auch vom Typ eher ein Schüchterner, eher introvertiert, kein Versammlungsredner, Klassensprecher, Schulsprecher ... Nein, das war nicht mein Ding.

Natürlich hatte ich mich vor dieser Demo immer schon mit Wirtschaft und mit dem Geldsystem beschäftigt und darüber viel erfahren, auf Ken FM, Apolut und anderen Kanälen. Und dann natürlich auch darüber, dass mein Software-Team in der Ukraine war, in Charkow, also direkt an der russischen Grenze. Da habe ich die Situation der Ukraine mitbekommen und damals den Maidan-Aufstand sehr intensiv verfolgt. Doch da habe ich, ehrlich gesagt, nicht richtig durchgeblickt, was da los war, was überhaupt Sache war. Und hatte mir da keine wirkliche Meinung gebildet und war einfach froh, wenn es friedlich abging.

Aber jetzt zum Lockdown hattest du dir eine Meinung gebildet und warst auch bereit, sie zu äußern und sogar eine Rede zu halten?

Das kam so kurzfristig mit dem Bescheid vom Verfassungsgericht, dass wir gar nicht wussten, was passiert. Die erste Rede habe ich erst auf der nächsten Demo gehalten. Weil ich als Unternehmer gelernt habe, dass man Dinge, die man nicht draufhat, vorher trainieren sollte, haben wir gesagt: Wir üben erst mal am Mittwoch, wie das Demonstrieren eigentlich geht, und samstags machen wir dann immer eine große Demo. Da waren dann am Mittwoch tatsächlich wenig Leute da, ich glaube, so um die 30. Da war ich auch ein bisschen enttäuscht, weil man natürlich gedacht hat, wenn es so stark losgeht, geht es natürlich sofort weiter. Aber es war nur die Ruhe vor dem Sturm. Am nächsten Samstag waren dann über 500 Leute da. Und da hielt ich mich für besser vorbereitet, aber so eine kleine Soundbox mit Lautsprechern, eigentlich für 200 Leute, hat natürlich nicht gereicht für 500. Aber da habe ich dann geredet, das allererste Mal. Ich habe mir Stichworte aufgeschrieben und daraus so einen Mix aus aktueller Kritik und ein bisschen Komik, ins Lächerliche Ziehen, gemacht. Die Versammlung war dann aber davon geprägt, dass bei mir irgendwie alle drei Minuten das Handy geklingelt hat, und die Versammlungsbehörde war dran und hat gesagt, die Abstände stimmen nicht: »Sagen Sie bitte durch, dass die Abstände eingehalten werden müssen.«

Das ging am Ende schließlich so weit, dass die Versammlungsbehörde gesagt hat, entweder Sie lösen auf oder wir müssen auflösen. Aber das wollte ich auf keinen Fall und hatte dafür schon eine Meditation vorbereitet. Ich habe dann gesagt: Machen wir jetzt eine Meditation! Das hatte zur Konsequenz, dass ungefähr 50 Prozent der Teilnehmer gegangen sind. Damit haben dann die Abstände wieder gestimmt, und damit sind wir einer Auflösung durch die Polizei entgangen.

Das ist ungewöhnlich, ein Aufruf zur Meditation, zum Gebet, damit die Leute weggehen.

Das war aber mein Notfallplan. Ich wollte nicht, dass die Demo einen konfrontativen Charakter erhält und dass es gewaltsam wird. Das ganze Querdenker-Ding bei mir ist ja eigentlich daraus entstanden, dass ich bei Joe Dispenza mit Meditation begonnen habe, und da macht man solche »Walking Meditations« – man läuft einfach durch den Wald und meditiert. Und weil die eigentliche Arbeit ja erst nach einer solchen Seminarwoche beginnt und es eine kleine Gruppe in Stuttgart gibt, die regelmäßig solche »Walking Meditations« macht, bin ich da hin. Regelmäßig, damit der innere Schweinehund die gewonnenen Erfahrungen nicht gleich wieder auffressen kann. Das war eigentlich mein Ansinnen – und das wurde jetzt auf einmal verboten.

Eigentlich habe ich das alles nur gemacht, damit ich meine »Walking Meditations« in Ruhe machen konnte im Wald. Und dann kam es tatsächlich so, dass diese Meditationen bald unter Polizeischutz stattgefunden haben. Die kamen dann in den Wald und haben uns beim Meditieren praktisch verfolgt. Das war total irre. Irgendwann haben die mich sogar beim Meditieren auf der Wiese geweckt und gefragt, ob ich jetzt endlich fertig wäre. »Wollt ihr Feierabend?« – »Genau!« Das hat dann auch zu lustigen Eskapaden geführt, wie bei dem Förster, der vorbeikam und gesagt hat, sein Forstrecht würde über dem Grundgesetz stehen, hier wird nicht meditiert im Wald. Da war dann der Polizist so nett und hat gesagt, Herr Ballweg, ich kläre das mal kurz. Also, sagte er danach, Sie dürfen sich natürlich hier versammeln.

So hat sich diese schöne Mischung bei Querdenken ergeben, die in der Zeitung dann »Rechtsesoterik« genannt wurde. Es waren von Beginn an viele Menschen dabei, die Yoga gemacht haben oder »Mother Earth Gatherings« und schon eine gewisse spirituelle Entwicklung hinter sich hatten. Und die auch gesagt haben, dass unser Weg ein spiritueller ist und ich die Herausforderung meistern muss, dass, wenn ich viel Wut im Bauch habe, diese Wut schnell in Aggression umschlägt. Wobei dann der Staat alle Möglichkeiten hat, auf Aggression und Gewalt zu reagieren. Deshalb war für mich immer klar: Wir bleiben eine absolut friedliche Bewegung, wir wollen die Demonstrationen gewaltfrei haben.

Damit bist du eigentlich in der Tradition aus den frühen 60er-Jahren in den USA, als die Proteste gegen den Vietnamkrieg damit anfingen, dass sich ein Mensch an der Berkeley University einfach auf die Treppe gesetzt hat mit einem Schild in der Hand: Make love, not war. Das war quasi die Erfindung des Sitzstreiks, was dann nach Europa überschwappte. Und jetzt 50 Jahre später von den »Klima-Klebern« noch um einen Zacken erweitert worden ist …

Dass man meditiert, sitzt oder liegt oder steht, ist ja egal, aber man ist absolut gewaltfrei und eben dadurch nicht angreifbar, eigentlich. Und interessanterweise gab es in ganz Deutschland da eine gewisse Gleichförmigkeit der Bewegung. Da kamen dann Kai Stuth und Ken Jebsen und haben in Berlin auch angefangen zu meditieren, sich aufs Wohnmobil gesetzt und gesagt, das ist unsere Protestform. Diese Energie wurde ja nicht gesteuert aus Stuttgart, in ganz Deutschland vielmehr haben Menschen angefangen, das zu machen, und gesagt, wir wollen diese Form des friedlichen Protests. Und dann wurde in Leipzig ja auch Tanzen verboten. Gegen Tanzen als Protestform mit Polizeigewalt vorzugehen, das war ja schon mehr als absurd.

Unser Protest hat sich eigentlich eigendynamisch schön entwickelt aus dieser Demonstration auf dem Schlossplatz, wo ich dann angefangen habe nachzudenken und mich gefragt habe, wie wir die »Kunst des Krieges« – nach dem Buch von Sun Tzu –, ja wie wir diese angeblichen Nachteile, diese ganzen Auflagen, die gemacht wurden, zu unserem Vorteil ummünzen. Wir hatten ja die Auflage: 1,5 Meter Abstand und Ordnerschlüssel 1 zu 10. Beim Ordnerschlüssel 1 zu 10 habe ich sofort verstanden, dass der ein riesiger Vorteil für uns ist, denn wir haben damit keine passiven Demonstrationen, sondern die Leute müssen aktiv werden. Die Demos finden nur statt, wenn die Leute mitmachen, wir brauchen genügend Leute, die mitmachen und sagen: Okay, ich bin Ordner! Dadurch sind wir so schnell gewachsen, weil sich die Leute miteinander vernetzen mussten, sie konnten nicht wie Zuschauer einfach rumstehen. Wie beim Fußball – da gibt es Angriff, Mittelfeld, Verteidigung und dazu noch die Zuschauer – und wir wollten möglichst viele Zuschauer dazu motivieren mitzumachen. Ich selbst habe immer gesagt, ich spiele Defensive, Abwehr, Verteidigung. Und das immer mit Humor.

Insofern haben wir eigentlich von Anfang an gemacht, was man uns jetzt vorwirft, die sogenannte Delegitimierung des Staates, denn wir haben die Gegenseite nicht ernst genommen. Und als die »Bild«-Zeitung dann schrieb »irre Corona-Demo in Stuttgart«, habe ich verstanden: Die Versammlungsbehörde hat uns in eine

Falle gelockt und uns eine ganz kleine Versammlungsfläche gegeben. Wir hatten 500 angemeldet und die Versammlungsfläche war nach den offiziellen Regeln viel zu klein. Also habe ich mich hingesetzt und gesagt: Okay, wenn wir 1,5 Meter Abstand brauchen nach rechts, links, überall, brauchen wir pro Demonstrant nach Pythagoras 6,25 Quadratmeter, da können wir ja riesige Demos machen, und dann bin ich auf die Stuttgarter Wasen. Und dort haben wir mit irre viel Aufwand dann Kreuze gemalt mit Kreide, damit der Abstand da eingehalten werden konnte. Weil die Versammlungsbehörden diese irren Auflagen erlassen haben, war uns klar: Wir erfüllen diese Auflagen, koste es, was es wolle. Und ich war dann auch noch so verrückt und habe gesagt, ich statte die ganzen Wasen mit Tontechnik und mit Bildschirmen aus, damit diese riesigen Flächen mit guten Bildern und Ton versorgt sind.

Also habe ich Geld in die Hand genommen, um das dann stattfinden zu lassen. Am 9. Mai 2020 waren schon etwa 25 000 auf dem Wasen, Ken Jebsen kam aus Berlin und sprach, Stefan Homburg war da. Mir war wichtig, dass wir mit den Demos den Debattenraum wieder öffneten, um das, was online gelöscht wird, offline zugänglich zu machen.

Nachdem ihr diese Demonstrationen vor dem Verfassungsgericht durchgesetzt habt, sind sie in wenigen Wochen sehr groß geworden und das Netzwerk ist weit über Stuttgart hinausgewachsen. Wann und wie kamst du dafür auf den Begriff »Querdenken«?

Ich musste dem Kind einen Namen geben, und der Arzt Bodo Schiffmann hatte schon die »Querdenkerbommel« erfunden, eine kleine Alubommel, mit der wir uns lustig darüber gemacht haben, als »Aluhut« bezeichnet zu werden. Ein Aluhut in klein, als Erkennungszeichen, dass man sich erkennt – mit ebendieser Querdenkerbommel.

Und da dachte ich, Querdenker war ich schon immer, ich wurde ja für die Beratungsprojekte bei den Großkonzernen immer gut bezahlt, weil ich Querdenker war und über den Tellerrand der Konzerne hinausschauen konnte. Und weiter dachte ich: Querdenker, das passt doch, wir haben einfach eine andere Meinung zu dem Corona-Narrativ. Dann habe ich ein Querdenken-Manifest (Anhang) gemacht, was insofern sehr einfach war, da wir uns nur auf die Grundrechte bezogen, dass wir darauf bestanden, dass unsere Grundrechte gelten. Und wir haben 50 000 Manifeste ausgedruckt und konnten über den Ordnerschlüssel 1 zu 10 auch sicherstellen, dass alle, die auf die Demonstration gekommen sind, dieses Manifest in die Hand bekommen haben. Und damit wussten, wofür Querdenken steht. Es ging um diesen Minimalkonsens: Wiederherstellung unserer Grundrechte, Überparteilichkeit, Friedlichkeit, keine anderen Themen. Dieser kleinste gemeinsame Nenner war sehr wichtig. Während Presse und Politik immer wieder versuchten, den Meinungskorridor kleiner zu machen, weil Grundrechte – das ist ja so ein großer Korridor. Können wir uns nicht mehr leisten bei diesem tödlichen Virus. Ihr könnt mehr Geld fordern oder irgendwas, das ist okay, das druckt man dann schnell für euch; fordert doch so etwas Einfaches wie die »Alarmstufe-Rot-Demonstration« für Künstler, die brauchen einfach mehr Geld. Da gab es dann auch gute Presse, aber wenn man so etwas Verwegenes wie die Grundrechte forderte, wurde die Presse böse. Ich habe das Ganze übrigens immer als Privatperson gemacht, weil mir klar war, ich muss mit meinem Namen dafür einstehen. Im Impressum stand auch immer mein Name, meine vollständige Adresse. Mir war ja nicht bewusst, dass das, was ich tue, diese Folgen haben würde. Aber das war, wenn wir über die

Erfolgsfaktoren von Querdenken sprechen, auch ein wichtiger Punkt: die Authentizität, mit der ich dafür eingestanden bin.

Der kleine schüchterne Junge, der nie Klassensprecher werden wollte, organisiert jetzt riesige Demos und steht als Redner auf der Bühne, schreit aber nicht laut, sondern redet leise und fordert zur Meditation auf. Dieser spirituelle Aspekt erinnert ein wenig an die Auftritte der frühen Grünen, die auch untypisch waren für die damals üblichen Politdemonstrationen …

Das ist ja längst passé, jetzt sind sie olivgrün und rufen zu den Waffen. Aber die frühen, jetzt alten Grünen waren bei den Querdenker-Demos wieder dabei, weil sie mit der Entwicklung der Partei nicht mehr einverstanden sind. Die Grünen waren ja in ihren Anfängen – über Joseph Beuys und Rudolf Steiner – durchaus inspiriert von diesen geistigen Aspekten.

Du hast dann dieses Manifest geschrieben und bist als Michael aufgetreten, nicht als Verein oder Organisation …

Mir war klar, nachdem ich mit »Nicht ohne uns« / »Demokratischer Widerstand« in Berlin nicht erreicht habe, was mir vorschwebte, dass ich mit meinen Ressourcen nur lokal etwas machen kann. Das habe ich »Querdenken 711 Stuttgart« genannt. Mehr kann ich ohne Team, ohne Organisation gar nicht machen. Mehr war es eigentlich nicht. Die Illusion, zu sagen, ich organisiere zwei Demos, und dann schreibt die Presse, Grundrechte sind wichtig und die Oppositionsparteien sagen, wir machen jetzt wieder Opposition, und dann entsteht ein Diskurs, war schnell verflogen. Ich hatte nie geplant, eine Bewegung zu gründen, sondern dachte einfach, jetzt machen wir mal, klagen beim Verfassungsgericht, dann machen wir zwei Demos, und dann kommt irgendwann die Normalität wieder zurück.

Es ging dann mit Querdenken 711 schnell und weit über die Region hinaus. Wie hat sich das entwickelt und wie hast du das gemacht?

Ich habe festgestellt, während wir in Stuttgart schon sehr aktiv waren, Demos gemacht und uns auf einen Konsens in Bezug auf das Manifest geeinigt hatten und darauf, dass konkretes Handeln wichtiger ist als die 50. Diskussion über das Manifest, waren andere Gruppen immer noch am Diskutieren und Streiten, immer noch auf der Suche nach einem Manifest. Und viele haben den Fehler gemacht, die Forderungen mit den Lösungsansätzen zu vermischen und sich in endlosen Diskussionen verzettelt. Der eine hat dann gesagt, wir müssen das übers Geldsystem machen, der nächste hat gesagt, wir brauchen ein neues Gesundheitssystem, der dritte ein neues Parteiensystem und so weiter. Und dann habe ich gesagt: Ich habe hier ein Manifest, das funktioniert, das ist ganz einfach. Wir haben auch eine Marke, die funktioniert – dezentral, praktisch, mit Querdenken minus Vorwahl, Buxtehude-Vorwahl -, ihr könnt das übernehmen, ich schenke es euch. Das hat dann eine Eigendynamik entwickelt, erst kam Bad Mergentheim (QUERDENKEN 793), dann kam Darmstadt (QUERDENKEN 615) als zweites, dann kam München (QUERDENKEN 89) ... und ich wusste, wenn man die ersten drei hat, ist die Dynamik kaum mehr aufzuhalten.

Wir haben dann viel Zeit verbracht, die Gruppen vor Ort zu unterstützen mit den Standards, die wir dafür brauchen , mit Telegram-Gruppen, wie man sie groß macht, wie man sie automatisiert, mit einer Webseite usw. Mir war klar, es ist auch egal, wo die Demonstration stattfindet, ob in der Innenstadt oder auf dem

Cannstatter Wasen, wichtig ist die mediale Begleitung. Also haben wir von Anfang an Livestreams angeboten, wir haben sauber auf YouTube nachdokumentiert, was auf den Demos gesagt wurde, und haben damit eben auch von Anfang an ein Gegengewicht zu der falschen Presseberichterstattung gemacht.

Hat aber wenig geholfen, die Presse hat weiter berichtet, wie sie wollte, oder?

Die Presse hat weiter berichtet, wie sie wollte. Es gab von Anfang an den Vorwurf, es wären Reichsbürger, Pegida-Anhänger, Verschwörungstheoretiker, Aluhut-Träger, Irre und Wirrköpfe, die sich auf dem Cannstatter Wasen versammeln. Wobei man hinzufügen muss: Die Presse hatte richtig Angst, weil zum einen weiß man ja, was zumindest den öffentlich-rechtlichen Rundfunk betrifft, dass die keine Informationshoheit mehr haben bei den jungen Menschen. Letztlich war es aber völlig egal, was die Presse geschrieben hat, weil sich unglaublich viele Menschen, forciert durch die fehlerhafte Berichterstattung ebendieser, nicht mehr bei den Leitmedien, bei den öffentlich-rechtlichen informiert haben, sondern eben bei den Alternativen. Und ich würde sagen, am Anfang 2020 bis etwa Mitte 2021 hatten wir online die Meinungshoheit in den Sozialen Medien und in den alternativen Medien, und das war die große Gefahr, welche die Behörden gesehen haben.

Ich habe da auch erstmals verstanden, wie die Mainstream-Medien funktionieren, nämlich gar nicht so, wie man sich das vorstellt. Eigentlich haben die Mainstream-Medien dadurch, wie sie berichtet haben und wie sie reagiert haben, die Demonstrationen erst groß gemacht. Ich kenne unheimlich viele Menschen, die auf der Demonstration auf dem Cannstatter Wasen waren und sagten, was das für eine großartige, friedliche Demo war, was für tolle

Redner, was für eine Atmosphäre. Und die haben sich abends ins Auto gesetzt, das Radio angemacht und erwartet, da kommt jetzt ein Bericht darüber, und hören dann: Das sind alles verrückte Nazis.

Ich habe auch Leute gehört, die haben gesagt, sie sind beim nächsten Mal hingegangen, weil sie sich die ganzen Nazis mal angucken wollten. Und dann steht auf dem Cannstatter Wasen da auf einmal ein Schwarzer auf der Bühne und macht Herzchen für die Polizei, da werden Kristalle verteilt auf der Demo und es wird meditiert. Also alles ganz anders als das, was die Medien berichteten. Das war, glaube ich, ein ganz wichtiger Moment für viele, die noch nie auf einer Demonstration waren.

Und dann kam zur nächsten Demonstration Ken Jebsen und die Presse packte das ganze Framing aus – natürlich von wegen Antisemitismus – und es kam (er kam nicht auf die Demo, sondern er hat sich über die Stuttgarter Zeitung zu Wort gemeldet) der Antisemitismusbeauftragte des Landes Baden-Württemberg, und die ganz große Keule wurde ausgepackt.

Was waren es für Menschen nach deiner Einschätzung, die da auf den Cannstatter Wasen strömten?

Ich würde sagen, kreuz und quer, aber hauptsächlich viel bürgerliche Mitte, ganz normale Menschen. Da war die Friseurmeisterin, die nicht verstehen konnte, warum sie ihren Kunden nicht mehr die Haare schneiden durfte. Die ist dahin gegangen und hat gesagt, vielleicht finde ich da ja Antworten. Es waren auch viele Selbstständige dabei, die sind ja eh schon ein bisschen freiheitsliebender, sonst wären sie nicht selbstständig. Einer der Erfolge war ja, dass Querdenken den Menschen angeboten hat, was ihnen verboten war: rauszugehen. Querdenken hat quasi das Volksfest gemacht, das der Staat verboten hat.

Nach dieser ersten Großdemo haben dann die Landesregierung, Herr Kretschmann, das Innenministerium oder die Versammlungsbehörde am Ende gesagt, es dürfen nur noch 5 000 demonstrieren. Begründung: Infektionsschutz. 5 oder 10 oder 5 000 ... total absurd und willkürlich, aber vor dem Bundesverfassungsgericht haben wir verloren. Das Bundesverfassungsgericht hat gesagt, das Limit hält.

Und dann kam es zu der absurden Situation, dass auf dem riesengroßen Cannstatter Wasen, 68 000 Quadratmeter, nur 5 000 Leute drauf durften. Und alle anderen standen dann hinten an einer Querstraße, die heißt Mercedesstraße, dicht gedrängt und mussten praktisch eine zweite Versammlung aufmachen, die schließlich von der Polizei auch mit entsprechenden Gegenmaßnahmen bearbeitet wurde. Da haben wir das erste Mal Gewalt, Tränengas, etc. gesehen, weil die Leute da keine Abstände hatten. Wir haben dann von der Bühne gesagt, hier ist Platz, hier können die Leute Abstand halten, lasst die doch drauf, aber die Polizei hat natürlich gesagt, wir setzen die Auflage durch.

Rechtsanwalt Ralf Ludwig hat gerade mit der Stirn gerunzelt. War etwas falsch?

Ralf Ludwig:

Am Verfassungsgericht waren wir erst später wieder. Zur Teilnehmerbegrenzung gab es schon eine verfassungsgerichtliche Entscheidung, bei der das Verfassungsgericht in einem anderen Fall entschieden hat, dass tatsächlich aus Infektionsschutzgründen die Begrenzung der Teilnehmerzahl möglich ist. Später haben wir auch vom Verfassungsgericht noch einige Entscheidungen gehabt, die wir verloren haben. Sie haben immer gesagt, mit 5000 ist doch das Versammlungsrecht noch gewährleistet, denn die Menschen können sich ja versammeln. Und wir haben immer argumentiert, was auch heute noch richtig ist: dem 5001. nimmst du damit nicht ein bisschen sein Versammlungsrecht, sondern du nimmst es ihm komplett. Sinngemäß, und damit ist das Versammlungsrecht in seinem Kern abgeschafft für alle. Der Sinn des Versammlungsrechts ist es ja, dass Regierungen sehen, wie viele Menschen gegen ihre Politik aufstehen. Wenn du jetzt Friedensdemos machst, an denen nur noch 300 Leute teilnehmen, oder du machst eine Menschenkette um den Bodensee und es dürfen auch da nur 300 teilnehmen, dann gibt es keine Menschenkette. Man sieht die Idee dahinter. Letztlich hat das Bundesverfassungsgericht den Behörden gesagt, ihr dürft es nicht so offensichtlich machen. Ihr dürft nicht sagen, Demonstrieren ist verboten, sondern ihr müsst kluge Auflagen schaffen, die nach außen den Schein wahren.

Demonstrieren in diesem Land ist weiter erlaubt, aber über die Auflagen kann man es verbieten. Bei der Demo am 4. Dezember 2020 in Bremen wurde dann erstmalig tatsächlich gesagt, Querdenken kann man schon deswegen verbieten, weil es Querdenken ist, weil man von den Querdenkern erwarten darf, dass sie die Auflagen nicht einhalten, und damit war dann das Versammlungsrecht praktisch ausgehebelt.

Du hast das Ganze in Stuttgart lokal bzw. regional gestartet. Dann haben sich die ersten anderen Städte gemeldet und haben gesagt, sie wollen da mitmachen. Und dann wurden es ganz viele. Wie viele Querdenkergruppen gab es dann?

Michael Ballweg:

In der Spitze waren es etwa 40. Als sie uns dann das Spielfeld Stuttgart mit der Begrenzung auf 5 000 kaputt gemacht hatten, sah ich ein, dass wir das nicht mehr so hinkriegen, dass es wieder Spaß macht. Demonstrationen mit Mengenbegrenzungen sind nicht mein Ding, vor allem, wenn es so absurd ist und willkürlich. Damals war in Berlin noch unbegrenztes Demonstrieren erlaubt, und wir sagten uns: Gut, dann gehen wir eben nach Berlin. Auf das Tempelhofer Feld, das ich mir damals angeguckt und eine Demonstration angemeldet hatte, für 500 000. Das stellte sich dann als schwierig heraus, weil das Grünflächenamt sich querstellte und wir auch dagegen hätten vorgehen müssen und Milliarden Genehmigungen gebraucht hätten. Da haben wir gesagt, Straße 17. Juni, Bühne mittendrin, wieder mit viel Technik, also Beschallung vom Brandenburger Tor bis zum Stern, damit alle was hören.

Das Ganze ist so schnell gewachsen, dass wir gar nicht mehr hinterherkamen. Obwohl wir Tag und Nacht gearbeitet haben. Deshalb habe ich am 16.5. bei der Demo 30 Bälle geworfen und gesagt: Verlasst euch nicht darauf, dass Querdenken immer wieder Demos organisiert. Das ist kein Bespaßungsprogramm, sondern ihr müsst selbst aktiv werden. Jeder, der einen Ball fängt, nimmt das bitte als Symbol und macht was Eigenes. Ich hatte den Eindruck, die Bewegung ist jetzt groß genug, die kann sich jetzt auch verselbstständigen, und habe Goethe zitiert: Kindern sollst du Wurzeln geben, jungen Erwachsenen Flügel. Die Menschen haben das wirklich ernst genommen, die diesen Ball gefangen haben. Eine Gruppe, wir nennen sie immer die Gruppe von Rentnern, von denen einer einen Ball gefangen hatte, hat zum Beispiel die Demos vor der JVA Stammheim organisiert, als ich im Gefängnis war. Sie sahen den Ball als Auftrag und waren deswegen aktiv vor der JVA.

Diese Symbolik, die ich da unbewusst immer benutzt habe, die hat sehr, sehr gut gewirkt. Ich habe das ja alles aus dem Bauch heraus rausgemacht, wenig nachgedacht, hatte auch wenig Zeit zum Nachdenken, alles kam aus dem Bauch heraus.

Du hast eine gewisse Leichtigkeit an den Tag gelegt, und obwohl das ein sehr ernstes, hartes Thema war, hast du es eher spielerisch angegangen …

Genau. Und jetzt habe ich verstanden, dass ein großer Anteil am Erfolg und dem schnellen Wachstum der Bewegung eben genau in dieser Art und Weise lag. Und als ich merkte, dass es läuft, habe ich gesagt: Leute, ich bin hier nicht der Vorturner, bitte, ich kann ja eigentlich gar nicht turnen, ich habe es mir jetzt mal kurz beigebracht, ihr könnt das auch. Dazu kam, wie vorhin schon gesagt, die massive IT-Unterstützung. Also die saubere Vor- und Nachbereitung der Demos im digitalen Raum, weil ich natürlich als Internetunternehmer genau wusste, wie es geht. Dass die Demonstration nicht jetzt verpufft, die Energie an einem Nachmittag, und danach hat man davon nichts mehr. Sondern wir hatten Live-Übertragungen von Demos, dann hinterher die geschnittenen Videos, eine Webseite dazu, dass jeder sehen kann, was ist da wirklich passiert, der selbst recherchieren will, Telegram-Bots, die das ganze Thema automatisiert haben, all das war auch sehr wichtig, damit das groß werden konnte. Bis zum 16.05. habe ich das als Vorleistung gemacht, Michael Ballweg privat, ich habe keine Schenkung angenommen. Mir wird ja vorgeworfen, ich hätte mich da bereichert und so weiter, tatsächlich habe ich diese ersten Wochen, die Klage beim Bundesverfassungsgericht, die ganzen Auseinandersetzungen mit den Behörden, die Demonstrationen auf dem Cannstatter Wasen, das habe alles ich aus eigener Tasche finanziert.

Wie ist es dann konkret weiter gelaufen, mit den 40 Initiativgruppen oder Querdenkengruppen in Deutschland, wie habt ihr kommuniziert? Oder habt ihr überhaupt kommuniziert, konnte jeder machen, was er wollte?

Jeder musste sich dem Manifest unterordnen, musste sagen, ich bin mit dem Manifest einverstanden, wobei das ja nicht schwer war, denn es war der kleinste gemeinsame Nenner: die Grundrechte, Überparteilichkeit und Friedlichkeit. Und so haben wir die Gruppen massiv unterstützt beim Aufbau, wir haben das Logo vorbereitet, also die grafische Arbeit gemacht, wir haben geholfen, ihre Webseite einzubinden, ihre Telegram-Gruppen anzulegen usw. Sie hatten meistens kein IT-Know-how, beziehungsweise gerade mal einen PC zu Hause, nicht viel mehr. Und wussten nicht, wie dieses Ganze funktioniert, das heißt, sie waren natürlich sehr dankbar für diese Hilfe, die sie bekommen haben. Das Konzept, die Mechanismen, die wir in Stuttgart verwendet haben, haben ja gut funktioniert, sie waren ein »proof of concept«, und so haben wir die Initiativgruppen sehr stark gecoacht, dass sie das in gleicher Art und Weise machen konnten. Sie mussten ja dann auch überall Demonstrationen anmelden und dies und jenes. Da haben wir unsere Erfahrungen weitergegeben.

Je nach Bundesland gab es aber Unterschiede.

Ralf Ludwig:

Ja, und es gab unterschiedliche Themenfelder. Ich bin ja Anwalt, der sehr für Automatisierung steht, und wir haben den Verein »Klagepaten« gegründet, und auf der Webseite des Vereins konnte man dann deutschlandweit Demos anmelden.

Das heißt, Michael hat darauf verlinkt, und die Leute konnten auf diese Seite gehen und ihre Demos anmelden. Der größte Erfolg dieser Seite war, dass für den 29.8.2020 in Berlin dann 6 667 Menschen die Demo in Berlin am Großen Stern angemeldet haben, wo Michael demonstrieren wollte.

Wir haben also den Menschen immer viele Hilfestellungen angeboten. Erst im Nachhinein ist mir übrigens klar geworden, dass der Erfolg viel mit der Genialität von Michael zu tun hat. Wir denken sehr inhaltlich und daran, diese Inhalte zu verbreiten. Michael hat gar nicht so sehr an Inhalte gedacht, sondern hat immer gesagt: Wir brauchen Struktur. Dafür ist er auch viel kritisiert worden. Aber die Struktur und die Nachhaltigkeit sind so viel wichtiger als Inhalte, denn die verpuffen. Du kannst irgendwas sagen in irgendein Mikrofon, und dann ist es weg, und bei Michael war nie etwas weg, sondern alles, was da war, war nachhaltig. Das war die Struktur, die funktioniert hat, die Demos angemeldet hat, Logo, Name, Demo-Struktur und so weiter, die Basics, und dann auch die Nacharbeit. Standardbühnenkonzept, dass man weiß, wie baue ich eine Bühne auf, ich brauche einen Raum drum, ich muss aufpassen, dass mir niemand auf die Bühne läuft, irgendwas ins Mikrofon schreit. Wer macht Security, und wie machen wir das? Wir haben natürlich auch Fehler gemacht am Anfang, das ist ja logisch, du musst Dinge ausprobieren. Man kann es im Prinzip mit der Formel 1 vergleichen: Alle, die nach draußen gegangen sind, haben gedacht, sie wären richtig geile Formel 1 Fahrer und können so ein Auto, so eine Bewegung, nach vorne bringen. Aber Michael hat erst mal ein Auto gebaut. Und die Struktur, mit dem kleinsten gemeinsamen Nenner, war das Fahrgestell. So einfach und simpel wie möglich.

Michael Ballweg:

Dazu muss man auch sagen, dass ich vom Universum perfekt vorbereitet war für den Job, den ich dann machen musste: Ich hatte die IT-Erfahrung, habe mich viel mit Organisationsmanagement auseinandergesetzt, hatte ein Softwareentwicklungsteam, was gerade Zeit hatte, diese Automatisierungstools auch zu entwickeln. Und ich hatte den finanziellen Rahmen und sagte mir: Ich kann das bezahlen und mache es jetzt einfach, weil es mir wichtig ist. Und ich hatte natürlich auch den Blick aufs Geldsystem, im Sinne von: Geht eh kaputt irgendwann. Wenn so viel Geld gedruckt wird, kommt logischerweise die Inflation. Also mache ich etwas Sinnvolles mit der Kohle, statt in 15 Jahren mit meiner Rente dann nichts mehr damit machen zu können.

Ralf Ludwig:

Wenn ich da kurz einhaken darf. Auf eine Sache hat Michael tatsächlich nicht geachtet, und das ist ein Vorwurf, den er sich wahrscheinlich im Nachhinein am stärksten selbst macht. Es haben ganz viele Menschen von dem, was Michael erarbeitet hat, profitiert. Nicht die Bewegung hat davon profitiert, sondern viele der Menschen, die Michael auf seine Bühne gestellt hat, haben davon profitiert, was er gebaut hat. Der, der die Rennstrecke, das Auto, das Fahrgestell gebaut hat, die Zuschauertribüne, die Lautsprecher und, hat letztlich nicht den Rückfluss gekriegt von denen, die sich dann als Fahrer draußen hingestellt haben, sich auf einmal die ganzen Werbebutton angeheftet und dafür kassiert haben ...

Das war ja auch von Anfang an eine Strategie, die bei der Presse einfach gut funktioniert hat. Die haben sofort erkannt, dass sie Querdenken kaputt machen müssen. Und diese Leute hatten nicht mehr genügend, ich sag's jetzt mal salopp, »Eier in der Hose«, um zu sagen: Wir stehen zu Querdenken, sondern sie haben ihre Banner und ihre Egos hochgehalten. Du hast vieles gut geplant, so viel vorausgeplant, aber dieser Punkt, der hat sich dann nachher als kritisch herausgestellt ...

Michael Ballweg:

Ich habe mir das tatsächlich nicht vorstellen können, dass die Menschen Angst haben, als Querdenker bezeichnet zu werden. Das war mein Irrtum. Ich habe immer gedacht, alle haben genug Selbstbewusstsein. Ich war doch auf der Demonstration, ich kenne doch die Wahrheit. Aber diese soziale Komponente, dass der Nachbar auf einmal sagt, du bist ein Querdenker (= Nazi), dieses Thema habe ich total unterschätzt.

Dass Querdenken sozusagen zur Diffamierungsvokabel Nummer eins wurde.

Ja, genau. Wenn ich mich mit Theorien, Experimenten und gruppendynamischen Prozessen (wie zum Beispiel dem Asch-Experiment) ein bisschen mehr beschäftigt hätte, wäre das vielleicht anders gelaufen, aber damit kannte ich mich nicht aus.

Wir kannten uns ja nicht persönlich. Ich hatte am Anfang den Eindruck von dir: Der Ballweg ist ein bisschen naiv. Ich nenne es jetzt mal Naivität, dieses Einfache, Spielerische: Ich baue eine kleine Struktur, ich schreibe ein mini-simples Manifest, was nur auf dem Grundgesetz beruht, mehr will ich erst mal gar nicht. Das kam mir, als alter »Inhaltologe«, ein bisschen naiv vor. Doch im Nachhinein sagst du, dass gerade das der Faktor gewesen ist, der die Leute getriggert hat, denn es kam authentisch rüber. Der Typ ist echt, der Typ ist ehrlich, der Typ redet aus seinem Herzen, der spirituelle Aspekt hat da sicher auch eine Rolle gespielt, dass man gemerkt hat: Okay, das ist ja kein Politradikaler, sondern ein ganz normaler Mensch. Wenn du vom ersten Tag an lautstark und radikal, Che-Guevara-mäßig aufgetreten wärst, dann wäre es wahrscheinlich mit der Bewegung nie so weit gekommen ...

Für mich war immer nur wichtig, den Rahmen zu schaffen, dass der Debattenraum wieder gefüllt und geöffnet werden kann.

Was das Inhaltliche betrifft, habe ich gesagt: Ich habe die Lösung gar nicht, die Lösung müssen die Menschen selber erarbeiten, ich will den Streit, die rationale Debatte um die beste Lösung. Ich möchte nicht sagen, wir brauchen ein neues Geldsystem und Bitcoin ist jetzt die einzige Lösung, ich will eine Debatte übe das beste Geldsystem. Ich will eine Debatte darüber haben, wie die Corona-Maßnahmen aussehen sollten. Ist Schweden der beste Weg? Darf der Wodarg was sagen? Darf der Bhakdi was sagen? Ich sah mich praktisch nur als Moderator, der diesen Raum zur Verfügung stellt. Da kommen dann so Leute wie Ken Jebsen, der hat ein bisschen, sagen wir mal, Angriffsgeist, oder Leute wie Professor Bhakdi, die ganz sanft sind, softe Buddhisten. Querdenken hat diesen Debattenraum geschaffen und auch alle mit eintreten lassen, solange sie friedlich, nicht antisemitisch und nicht extremistisch drauf sind. Das war unsere Prämisse. Wir haben immer gesagt, die Friedlichkeit ist zentral wichtig, und wir grenzen uns von allen extremen Sachen ab. Punkt.

Also eine bürgerliche, auf dem Grundgesetz basierende Gruppe, die praktisch gar nicht angreifbar ist.

Genau. Was willst du sagen gegen einen, der sagt, ich halte unser Grundgesetz für eine hervorragende Verfassung, die müssen wir behalten, und die Rechte, die uns hier gewährt werden, die müssen wir verteidigen. Was ist denn daran verdammt noch mal so schlimm? Und weil man da nichts finden kann, was schlimm ist, kam dann dieses Bashing in der Presse oder vom Gericht, das sagt, bis 5 000 dürft ihr, der 5 001. darf nicht mehr.

Ralf Ludwig:

Das sind diese absurden Dinge, mit denen man versucht hat, dieser Idee beizukommen oder sie kaputt zu machen. Michael ist insofern »naiv« gewesen, weil er als Unternehmer gedacht hat, das beste Produkt setzt sich am Markt durch. Und das beste Produkt im Debattenraum setzt sich gegebenenfalls auch im Staat und gegen die Staatsmacht durch. Er hat die Macht des Staates falsch eingeschätzt und dann festgestellt: Der Staat ist kein freier Markt, er bestimmt die Debatte, kriminalisiert Meinungen und hat die Macht dazu, das zu tun. Er hat Gedankenverbrechen definiert: Wer eine andere Auffassung zur Impfung hat, war auf einmal kriminell.

Dass der Staat nicht fair spielt, sondern das Monopol auf dem Debattenraum hält und bestimmt, wie groß er ist, wer reindarf, wer mitdiskutieren darf, mit welchen Vokabeln man mitdiskutieren darf ... das hast du wahrscheinlich unterschätzt.

Michael Ballweg:

Absolut. Am Anfang waren wir sehr, sehr flexibel, sehr schnell, sehr dynamisch. Aber wenn die Staatsmacht dann ins Rollen kommt und die Rädchen ineinandergreifen, wird es halt immer schwieriger. Die Geschwindigkeit, mit der Querdenken gewachsen ist, war einer der großen Vorteile. Damit konnten die Behörden nicht umgehen. Das war unser großer Vorteil, und das ist auch für die Zukunft ein ganz wichtiges Thema.

Wir haben ja dieses Ressourcenmanagement, die Rentnersoftware, für Querdenken eingesetzt. Denn es ist ja egal, ob ich Rentner und Großkonzerne zusammenbringe oder Demoteilnehmer und Demoorganisatoren. Denn das Problem war einfach, dass auf den Demos unheimlich viele Leute mithelfen wollten. Dann kriegst du tausende Visitenkarten und kannst die natürlich nicht abarbeiten, keine Chance. Dass ich an die Sache sehr naiv rangegangen bin, war aber gerade mein Vorteil. Ich habe meinen Gegner unterschätzt und konnte deshalb ungezwungener und freier herangehen, als wenn ich gewusst hätte, wie es den 68ern oder der Anti-AKW-Bewegung ergangen ist, oder schon Bücher wie die von Daniele Ganser gekannt und gewusst hätte, was die CIA so treibt.

Aber ich muss sagen, wir haben ja eigentlich keine Wahl und – da sind wir auch wieder bei der spirituellen Sicht – wir brauchen als Geistwesen keine Angst zu haben. Wie blicke ich aufs Leben? Blicke ich aufs Leben als ein Abenteuer, dass ich leben darf – oder blicke ich auf etwas, wovor ich Angst haben muss? Da blicke ich dann eher als Abenteurer auf dieses Thema und lasse mich dann überraschen, was das Leben bietet.

Es wird ja vorab Planspiele gegen Querdenken gegeben haben: Wenn wir diese Maßnahmen machen, was passiert dann? Wie wird sich die Opposition aufstellen? Wie wird die Opposition agieren? Da hatte man als einzige politische Opposition die AfD, und die hat man im Griff. Weitestgehend über das schon vorhandene Framing. Und was passiert möglicherweise im außerparlamentarischen Raum? Und da bin ich ganz sicher: einen Michael Ballweg hatte man nicht auf dem Schirm.

Man hatte nicht auf dem Schirm, dass ein Unternehmer, der ja auch eine soziale Fallhöhe hat, quasi alles riskiert, um sich für die Grundrechte einzusetzen.

In der Risikoplanung war ein Michael Ballweg nicht dabei. So einen Typen konnten sie da nicht erfassen im Vorfeld. Was zudem unterschätzt wurde von staatlicher Seite, war auch die Macht und die Power, die mittlerweile die alternativen Medien haben. Dass ein Ken Jebsen innerhalb von einer Woche 2,5 Millionen Zugriffe hat auf sein Video, hatte man nicht auf dem Zettel, sondern dachte: Wir haben ja die großen Medien, die großen Zeitungen, T-Online und weiß der Geier, wir können flächendeckend Brainwashing betreiben.

Aber dann kommt so ein Ken, verkleidet sich als Joker und wird millionenfach geklickt und muss dann sofort weggemobbt und weggehauen hauen. Wie Michael dann auch.

Ralf Ludwig:

Selbstverständlich macht eine Regierung für solche Krisen Planspiele. Das ist keine Verschwörungstheorie, sondern vollkommen rational.

Würdest du eine Regierung haben wollen, die in einer so heftigen Gesundheitskrise, wie die Corona-Krise bezeichnet wurde, keine Planspiele gemacht hat und nicht vorbereitet ist? Und keine Idee davon hat, was dann eigentlich in der Öffentlichkeit passiert und wie wir diese Maßnahmen, die wir doch als notwendig erachten, durchsetzen können? Eine solche Regierung wäre nicht zu gebrauchen. Vorbereitet zu sein auf jeden möglichen »worst case« ist die Aufgabe jeder Regierung, und dazu gehört die Planung.

Michael Ballweg:

Aber den »naiven« Ballweg, den hatten sie nicht auf dem Zettel, und den forschen Ken Jebsen auch nicht so richtig. Aber dank der technischen Entwicklung hatte der eine, ein Softwareentwickler, die Programme parat, um ein großes Netzwerk zu organisieren – und der andere, ein Medienprofi wie Ken, stellt in seinem Keller einfach drei Kameras auf und macht genauso ein tolles Programm wie aus den großen Fernsehstudios. Das hatten sie bei ihren Planspielen so nicht auf dem Zettel, und deshalb musste auch so harsch und brutal reagiert werden. Einen Radikalinski-Ballweg aber hätte man doch sofort im Griff gehabt, und der wäre vor allem nicht anschlussfähig gewesen für viele Leute.

Ralf Ludwig:

Die Stärke von Michael war und ist, dass er Menschen aktivieren konnte, etwas zu tun, ohne dass die Menschen sich exponieren mussten. Die Menschen konnten Widerstand leisten in diesen Querdenkengruppen, in denen sie Pressearbeit gemacht haben, Telegram-Kanäle bedient haben, T-Shirts gedruckt haben usw. Michael hat Menschen, die das Gefühl hatten, hier läuft was falsch in diesem Staat, aktivieren können. Bei Querdenken konnte man mitmachen, ohne dass man als Widerständler sofort erkennbar war, man konnte an ganz vielen Stellen etwas tun, die Ärmel hochkrempeln, aktiv sein, ohne als Aktivist aufzufallen. Und ich glaube, das ist die Stärke der Querdenkenbewegung, dass wirklich ganz, ganz viele Kompetenzen genutzt werden konnten. Gerade im Hintergrund haben ja, man muss keinen Namen nennen, unglaublich viele Menschen gearbeitet, die klar gesagt haben, ich darf niemals nach außen auftreten, ich unterstütze euch, aber man darf um Gottes Willen nicht wissen, wer ich bin. Bei Querdenken konnte man selbst aktiv werden.

Michael Ballweg:

Das Besondere war in dieser Zeit die große Kooperationsbereitschaft. Man hat einfach gesagt, dieses Thema ist jetzt so wichtig, dieser Angriff auf die Gesellschaft so groß, wir tun uns jetzt zusammen. Und da hat natürlich das Manifest, der kleinste gemeinsame Nenner, wieder geholfen. Und meine Rolle war nur, den Debattenraum zu schaffen, und ich habe gesagt: Ich selbst muss nicht reden, ich bin ja nicht mal ein Redner. Praktisch musste ich es dann aber doch machen. Meine Rede am 1.8. war ja eigentlich so geplant, dass ich nur der Moderator bin, der durch das Programm führt, und dann kommt jemand, der sagt was zum Geldsystem, dann kommt jemand, der sagt was zum Status der Pressemeinungsfreiheit, und dann kommt jemand, der sagt was zum Thema Grundgesetz, Grundrechte, Verfassung, und ein Anwalt, der etwas sagt zum Recht in dieser Corona-Krise. Aber dann gab es auch einige, die den Raum genutzt haben, um letztlich ihr Ego, ihre persönlichen Projekte zu pushen ...

Dann gab es den »Skandal«, der in den Medien eine große Rolle gespielt hat, weil du dich mit diesem »König von Deutschland« getroffen hast. Was war das für ein Meeting?

Ich habe immer gesagt, Querdenken heißt, an der Quelle nachfragen. Wir machen uns unser eigenes Bild. Wie heißt das so schön: Hinterfrage alles, glaube nichts, denke selbst.

Und weil ich ja wusste, was über mich in der Presse geschrieben wird, habe ich immer gesagt, wir gucken jeden an, es gibt bei uns keine Kontaktschuld. Ich hätte jemanden wie Ken oder Bhakdi nie sprechen lassen dürfen, wenn ich geglaubt hätte, was in der Zeitung steht. Dann hätte ich mich mit denen gar nicht treffen dürfen. Als dann im November 2020 schon wieder tiefster Lockdown war, gab es für Querdenken keine Möglichkeiten mehr, sich irgendwo persönlich zu treffen. Wenn du im Hotel gefragt hast, ob wir unter Nicht-Pandemiebedingungen tagen können, ging plötzlich nichts mehr. Da haben wir das Angebot bekommen, uns in Saalfeld in der »Hacienda Mexicana«, die irgendwie zu diesem »Königreich« gehört, zu treffen. Und das haben wir angenommen und auch gesagt, wir gucken auch mal, was dieser »König« da anstellt, und hören uns das mal an.

Das hat dann dazu geführt, dass einige gesagt haben, also das, was Querdenken da macht, was da auf dem Papier steht, offener Debattenraum, das wird mir zu offen hier, wenn solche Gestalten mitmachen. Aber die machen ja gar nicht mit, sagten wir, sondern wir reden mit denen von diesem »Königreich« und hören uns mal an, was sie zu sagen haben. Ich machte zu dem Zeitpunkt gerade eine Leberreinigung in Thüringen und hatte mich ausgeklinkt, weil ich echt platt war nach diesen großen Demos und meinen Aktivitäten für die Oberbürgermeisterwahl in Stuttgart, wo ich angetreten bin, und das Team hat dann das Meeting vorbereitet. Da komme ich nun morgens hin und sehe da einen Journalisten, Martin Lejeune, der befragt den Kilez More – und dachte, die sollten eigentlich heute nicht hier sein, wir wollten doch Querdenken-Organisationsfragen besprechen. Aber weil ich wusste, dass ich das jetzt nicht mehr ändern kann, dachte ich, ich höre mir mal an, was da kommt. Es kam dann ein großer Eklat raus, aber im Endeffekt hat es dazu geführt, dass ein Teil von Querdenken das verstanden hat, wofür Querdenken steht (nämlich: Wir reden mit allen, die friedlich und gewaltfrei agieren), und stabiler wurde, etwa 70 Prozent, aber rund 30 Prozent haben sich verabschiedet. Im Nachhinein würde ich sagen, es war alles gut, so wie es gelaufen ist, ich würde es auch wieder machen. Es war ein Test für die Organisation, eine Organisation muss sich immer reiben und muss sich weiterentwickeln. Und wenn du keine externen Faktoren hast, wo die Leute sich dran reiben können, dann fällt ihnen etwas anderes ein, dann ist das Manifest nicht mehr gut genug, dann geht dieser oder jener Redner nicht mehr und so weiter. Letztendlich ein Stabilitätstest für Querdenken, den die Organisation mit Bravour bestanden hat. Aber es hat natürlich auch für viel Unruhe gesorgt.

Ralf Ludwig:

Der Punkt ist, das wurde an dieser Sache noch mal deutlich, dass eben auch nur Kritik ohne Argumente vorgetragen wurde, nach dem Motto: Wie kann man sich nur mit so einer Figur treffen? Denn zunächst agiert diese Figur ja, soweit man das sehen kann, in einem legalen Rahmen. Es ist nicht so, dass er jetzt ständig vor Gericht steht und Polizei und Justiz gegen die Geschäfte vorgehen, die er da macht. Die Kritik, die immer wieder daran geäußert wurde, war immer nur personalisiert auf: »dieser Fitzek«.

Ich kenne keine einzige Kritik, die sagt, das Problem, sich mit ihm zu treffen, liegt daran, weil er das und das und das macht. Es ist ähnlich wie mit Ken, wo nur immer wieder Gerüchte über ihn aufgetischt werden, aber keine inhaltliche Kritik geäußert wird.

Michael Ballweg:

Diese Kontaktschuldnummer, die es schon lange gibt, ist ja jetzt auch im Zuge von Covid noch mal richtig groß geworden. Und nichts anderes war ja auch dieser »Skandal«. Einige Leute haben sich dann weggeduckt und gesagt, ich bin jetzt auf einmal kein Querdenker mehr, sondern Klardenker, Vorausdenker, was weiß ich, was sie sich alles haben einfallen lassen, Deutschland steht auf, XY für Aufklärung und, und, und. Aber für mich war klar: Wenn ich mich da weggeduckt hätte, wäre ich schon im ersten Jahr der Bewegung nicht mehr authentisch gewesen, weil ich nicht mehr zu meinem eigenen Wertekanon gestanden hätte. Ich habe immer gesagt, Querdenken heißt, wir reden mit allen, die friedlich und gewaltfrei agieren, egal wie sie von Dritten bezeichnet werden. Das war unser Korridor, in dem wir den Diskussionsraum aufmachen. Wir stehen für Debatte, weil nur im Diskurs neue Lösungen entstehen können. Und für mich gilt noch etwas Wichtiges: Ich habe doch auch immer die Chance, das Gegenüber von meiner Position zu überzeugen.

Eine Illusion, der viele in der Bewegung erlegen sind, war, dass wir uns, wenn wir mehr werden wollen, dem Mainstream-Narrativ anpassen sollten. Dann werden wir anschlussfähig und die Zeitungen schreiben ganz toll über uns. Ja, der Mainstream schreibt toll über dich, wenn du Mainstream-Sachen forderst und wenn du dann auf einmal sagst, ich will Geld. Oder du distanzierst dich von den Querdenkern und lässt dich wieder spalten in so kleine

Boxen, dann kriegst du auch mal ein Bonbonchen von der Presse. Und diese Leute haben sich dann gewundert, warum ihre Demo immer kleiner wurde ...

Ralf Ludwig:

Viele haben nicht verstanden, dass Michael tatsächlich einen Debattenraum aufmachen wollte. Und Debattenraum heißt: Jeder darf rein. Und viele in der Bewegung haben gedacht, okay, wir machen jetzt einen eigenen Debattenraum, einen anderen, weil sie sich daran gerieben haben, dass jetzt die Regierung bestimmte Leute, also uns zum Beispiel, nicht debattieren lässt. Aber sie wollten eigentlich nur selbst rein und dann entscheiden, wer darf noch und wer nicht. Also im Prinzip kann man ja sagen, Widerstand tut weh. Und ganz viele waren eben Gutwetterwiderständler. Die haben es so lange gemacht, bis es angefangen hat, weh zu tun. Aber irgendwann tut es weh.

Und Michael hat es dann am eigenen Leib sehr bitter erfahren mit der Haft.

Michael Ballweg:

Als wir auf dem Cannstatter Wasen gestoppt wurden, haben wir eine Pause gemacht und dann festgestellt, es funktioniert nicht ohne uns, wir müssen weitermachen. Wir haben uns dann zweieinhalb Wochen lang sortiert, Konto aufgemacht, Webseite erstellt, ein paar organisatorische Themen besprochen, mit dem Team geredet. Das Problem war einfach, dass da alles aus dem Nichts entstanden war. Wir hatten nie Zeit, Teammeetings zu machen, Konflikte zu lösen und so weiter. Aber dann haben wir gesagt, wir machen weiter, und erst mal eine Demo gemacht in Leonberg, auf der Leonberger Heide. Das war insofern noch mal besonders, weil ich eine Demo auf der Autobahn A81 angemeldet habe. Wir dürfen auf dem Wasen nicht mehr demonstrieren, und die Regierung hat so viel Angst vor dem Virus, dann machen wir eine Autodemo. Da sind die Leute dann in Sicherheit und haben Abstand. Dazu muss man wissen: Das Autobahndreieck Stuttgart ist eines der größten in Deutschland, und wenn man da eine Demo gemacht hätte, wären die A8 und die A81 gesperrt gewesen, also totales Verkehrschaos im Süden.

Es gab dann ein Kooperationsgespräch, so etwas habe ich noch nicht erlebt, es saßen, würde ich mal sagen, 30 Leute uns gegenüber. In der Stadt Stuttgart waren immer so ein, zwei Leute beim Kooperationsgespräch, in Leonberg saßen dann 30 Leute, Führungsstab der Polizei, Führungsstab der Rettungskräfte, der OB und so weiter. Der Bürgermeister hat uns dann den Vorschlag gemacht, wir könnten doch auf die Leonberger Heide gehen stattdessen. Und nachdem ich wusste, dass es vor den Gerichten ein aussichtsloser Kampf ist, und der OB sagte, er spendiert uns noch die Toiletten und die Zubringer zur Demo und kümmert sich um alles, haben wir die Leonberger Heide angenommen. Es wurde eine schöne Demo, ein »Little Woodstock Festival« hieß es hinterher in der Presse.

Danach haben wir uns darauf fokussiert, die Demo in Berlin zu organisieren und ich habe, weil die Rucksack-Reise ausgefallen war, Demo-Urlaub gemacht, bin zu den regionalen Demos gefahren und habe für Berlin mobilisiert. Wir haben dann auch noch Busse organisiert, die Initiative »Honk for Hope«, und so kam es zu der großen Mobilisierung für Berlin. Es gab absolute Kooperation von allen, weil allen bewusst war, es geht um etwas Großes – die dezentrale Organisation, dass alle schon Demos vor Ort gemacht hatten, war ein wichtiger Erfolgsfaktor. Die Berliner

Polizei hat uns nicht ernst genommen. Die dachten, da kommen 3 000 oder 2 000 oder 1 000, und dann war der Aufzug am 1. August 2020 7,5 Kilometer lang, geschlossene Strecke, und die Polizei sagte uns, es seien 800 000 gewesen.

Es war ein strahlender, sonniger Tag. Ich bin morgens noch mit einem Roller die ganze Strecke abgefahren und habe die Polizei begrüßt, so wie ich es in Stuttgart auch immer gemacht hatte. Ich konnte mir überhaupt nicht vorstellen, dass sie so etwas Böses tun und eine solche Demo auflösen. Die Bühne in der Mitte der Straße des 17. Juni war nach beiden Seiten offen, und als der Aufzug ankam, spürte man schon, dass es richtig voll wird. Vorne am sowjetischen Ehrenmal hatte die Polizei schon abgesperrt und wollte keine Leute mehr reinlassen. Tatsächlich war vom Stern hinten bis zum Ehrenmal und Brandenburger Tor alles voll – und der ganze Tiergarten auch.

Ich war auch da und kann das bestätigen. Das letzte Mal, dass ich die Straße des 17. Juni und den Tiergarten so voll gesehen hatte, war auf dem Höhepunkt der Love Parade Ende der 1990er …

Ralf Ludwig:

Der RBB hatte allerdings vorher noch berichtet, Querdenken hätte seinen Zenit überschritten, die Demos wären wieder kleiner geworden. Tatsächlich sind sie von Beginn an exponentiell gewachsen, bis die Gerichte Teilnehmerbegrenzungen eingezogen haben.

Michael Ballweg:

Interessant war dann, als ich auf die Bühne gehe und die Versammlung noch gar nicht eröffnet habe, berichtet bild.de, die Demo sei aufgelöst worden. Mein Pressesprecher kommt zu mir und sagt, guck mal, hier steht in der Zeitung: Demo in Berlin aufgelöst. Ich habe es damals gar nicht kapiert, dachte nur, das ist ja interessant, aber jetzt eröffne ich erst mal die Versammlung. Eigentlich hätte ich mir schon denken können, dass die Polizei auflösen würde, sie waren vorher schon sehr anstrengend. Sie haben mich dauernd von der Bühne geholt, in ihre »Leitstelle« rechts neben der Bühne im Tiergarten. Wir sind kooperativ, habe ich immer gesagt, für eure Durchsagen könnt ihr gerne unsere Technik benutzen. Sie kamen jetzt zu mir und Ralf Ludwig und sagten: Wir fordern Sie jetzt auf, die Demo zu beenden. Wir haben das abgelehnt, aber die Durchsage mit den Auflagen gemacht und dann einfach weitergemacht mit dem Programm. Das sieht man auch auf dem Video. Wir haben dann auch durchgesagt, dass sich die Leute auf den Gehsteig stellen sollen, denn da war keine Maskenpflicht. Das war ja die erste Demo, bei der ganz kurzfristig Maskenpflicht angeordnet worden war – am 1. August 2020, bei ziemlicher Hitze. Wir haben erst mal weitergemacht im Programm, und dann ist die Polizei irgendwann angerückt und hat die Bühne besetzt.

Ralf Ludwig:

Wir sind ja heute noch im Rechtsschutzverfahren wegen der Auflösung, die mit dem Verstoß gegen die Maskenpflicht begründet wurde. Wir haben die Polizei aufgefordert, die Leute ohne Maske zu kontrollieren, weil sie doch mit einem Attest ausgestattet sein können, aus gesundheitlichen Gründen keine Maske zu tragen. Aber die Polizei hat keinen einzigen kontrolliert, es gab auch kein einziges Bußgeld deswegen, sondern man hat die Demo mit der Begründung aufgelöst, die Menschen würden ja keine Maske tragen, müssten es aber. Unsere Klage dagegen läuft noch, die Berliner Verwaltungsgerichte sind sehr langsam.

Michael Ballweg:

Wir waren dann noch zwei Tage in Berlin, und als ich dann zurückgekommen bin, sehe ich ein Video oder einen Pressebericht vom Regierenden Bürgermeister Michael Müller, der da praktisch sagt, diese Randalierer aus Stuttgart und Frankfurt sollten doch bitte daheimbleiben, sie hätten kein Recht zu demonstrieren. Da habe ich kurz mein Technikteam angerufen und habe gefragt: Wie sieht es aus, wollen wir noch mal? Und als sie meinten: Ja, kriegen wir hin, habe ich ein kurzes Video gemacht: »Lieber Herr Müller, vielen Dank für die freundliche Einladung. Wir kommen noch mal. Und als Dankeschön bringen wir ganz Europa mit. Ich melde hiermit eine Demo an unter dem Titel »Berlin invites Europe«, für den 29.8. Und dann ging es richtig los. Es wurde doppelt so groß.

Zu den Demos in Dortmund und in Stuttgart hatte ich spaßeshalber auch noch Trump und Putin eingeladen, und schon kam in einigen Telegram-Gruppen dann dieser Quatsch auf: Trump rettet uns. Und von dieser Q-Anon-Gruppe inspirierte Leute verkündeten: Jetzt geht es bald irgendwie los, ihr müsst gar nichts tun, lehnt euch zurück, enjoy the show, Trump wird uns retten. Solche »Retter« waren aber nie etwas, wofür Querdenken steht, das habe ich am 1.8.2020 auch gesagt: Verlasst euch nicht auf irgendwen. Querdenken steht für Eigenverantwortung und Selbstbestimmung. Und für die Wiederherstellung der Grundrechte.

Ich hatte ja die Demonstration für den 29.8.2020 angemeldet und dazu noch mal zwei Wochen Querdenken-Camp angeregt mit dem Ziel, die Demonstrationen zu verstetigen. Ich hatte da ein kleines Video gedreht: Wie ich meinen Rucksack packe. Und gesagt: Ich gehe nach Berlin, wir bleiben in Berlin. Wir hatten mit dem »Demokratischen Widerstand« schon eine Sonderausgabe vorbereitet, mit der wir die Bevölkerung aufriefen, die Demonstration zu unterstützen.

Die Kooperationsgespräche mit den Behörden waren sehr unkooperativ, man hat schon gemerkt, die wollen einfach nicht. Dann wollten sie kurzfristig noch die Bühne verlegen, vom Großen Stern weg vor das Brandenburger Tor. Heute wissen wir, warum. Damit noch mehr Leute in der Nähe des Reichstags gewesen wären, um dort Querdenken mit denjenigen (hier sollten wir es benennen, dass es sich um eine staatliche Inszenierung handelte) zu vermischen, denen man merkwürdigerweise direkt vor dem Reichstag eine Bühne genehmigt hatte. Und wir bekamen zwei Tage vorher das Verbot für unsere Demo.

Ralf Ludwig:

Der 29.8.2020 war erste Tag, an dem wir den Tiefpunkt des Rechtsstaats erlebt haben. Das Demoverbot ist vom Verwaltungsgericht gekippt worden, aber es hat gesagt, dass die Bühne vor dem Brandenburger Tor aufgebaut werden müsste. Irre: Du planst ein Konzert im Olympiastadion und dann sagen sie, einen Tag vorher, Olympiastadion ist leider nicht, geht doch bitte auf die Waldbühne. Michael und ich saßen im Hotel und fragten unsere Techniker, ob der geforderte Umzug möglich ist. Und die sagten: Völlig unmöglich, wo soll man die Kabel herkriegen, alles ist ausgelegt für die Bühne am Stern. Aufbaupläne, Fluchtpläne, Sicherheitspläne und so weiter, das funktioniert nicht. Dadurch kam die Erlaubnis des Berliner Verwaltungsgerichts im Prinzip einem Verbot gleich, wir hätten die Demo mit diesen Auflagen einfach nicht machen können.

Am Abend saßen wir dann zusammen, haben das diskutiert, und dann habe ich gesagt, okay, dann mache ich noch eine Beschwerde beim Oberverwaltungsgericht. Michael hatte ja auch dieses Camp angemeldet und das Verwaltungsgericht hatte sowohl die Demonstration – allerdings an einem anderen Ort – als auch das Camp genehmigt. Das Camp sollte auf der Straße des 17. Juni stattfinden, im Prinzip auf der gesamten Fläche der Demo. Das haben die aber verkleinert. Da sind wir in Beschwerde gegangen, die Stadt Berlin ist auch in Beschwerde gegangen gegen die Erlaubnis, und dann hat das Oberverwaltungsgericht die Demonstration so zugelassen, wie wir es beantragt hatten, aber das Camp verboten. Und gesagt: Das Camp sei nicht mit Inhalten angemeldet worden und es sei unklar, ob es tatsächlich eine Versammlung sei. So konnte dann also die Demo am Stern stattfinden, aber nicht das Camp.

Dagegen haben wir beim Bundesverfassungsgericht Verfassungsbeschwerde eingelegt, im Eilverfahren, und dann hat das Verfassungsgericht völlig rechtswidrig entschieden, dass das bestätigte Verbot des Camps durch das Oberverwaltungsgericht deswegen aufrechterhalten bliebe, weil wir kein Hygienekonzept eingereicht hätten. Um ein Hygienekonzept ging es aber vor dem Verwaltungsgericht und dem Oberverwaltungsgericht überhaupt gar nicht. Das Oberverwaltungsgericht hat nicht gesagt, das Camp ist verboten, weil wir kein Hygienekonzept vorgelegt haben, sondern weil es keine Versammlung ist. Und dann kommt das Bundesverfassungsgericht – weil es sich selbst nicht auf die eigenen Füße treten will, denn sie haben früher bei diesen ganzen linken Camps schon immer gesagt, dass das natürlich Versammlungen sind – mit dem Hygienekonzept um die Ecke. Da habe ich, was es eigentlich nicht gibt, eine Gehörsrüge gemacht gegen die Entscheidung und gesagt, das Verfassungsgericht kann doch nicht mit einem völlig neuen Thema, das gar nicht Gegenstand der verwaltungsgerichtlichen Auseinandersetzung war, auf einmal auf höchster Ebene sagen, dass deswegen das Verbot gerechtfertigt ist. Da hätten sie uns wenigstens mal dazu fragen müssen. Wir haben dann einen neuen Antrag beim Verwaltungsgericht gestellt und gesagt, okay, wenn das Bundesverfassungsgericht ein Hygienekonzept sehen will, legen wir eines vor. Darüber hat das Verwaltungsgericht aber bis heute nicht entschieden.

Michael Ballweg:

Ralf und ich saßen am 29.8.2020, während die Demo schon lief, in dem Bus hinter der Bühne und schrieben dort die Verfassungsbeschwerde für das Querdenken-Camp. Gleichzeitig war ich Versammlungsleiter und wurde dauernd von Polizei und Rednern und Technikern angesprochen. Ich habe am Ende der Demo das Querdenker-Camp ja noch eröffnet, aber als Leute dann anfingen, Zelte aufzubauen, hat die Polizei massiv geräumt und zum Beispiel ein überdimensionales Gandhi-Bild auf einem fahrbaren Gestell abgeführt. Wir haben auch das ganze Geschehen auf Video, weil wir Nachtsichtkameras an der Bühne hatten. Die Bühne blieb ja stehen, und der ganze Stern war praktisch ein Wochenende lang gesperrt. Das hatte Auswirkungen auf den Verkehr in Berlin. Und am nächsten Morgen haben dann irgendwelche Leute weitergemacht mit den Demos, aber da hat die Polizei radikal zugegriffen. Da gab es richtig böse Szenen, wo Leute sich im Tiergarten im Gebüsch verstecken mussten und massiv verprügelt wurden. Und Robert F. Kennedy musste flüchten.

Kennedy hat doch auf der Bühne eine Rede gehalten?

Ralf Ludwig:

Die Polizei wollte Kennedy am 29.8. in Gewahrsam nehmen. Weil er angeblich gegen die Einreiseverordnung verstoßen hat, weil er nach der Ankunft in Deutschland in Quarantäne hätte gehen müssen und nach Auffassung der Polizei auf der Demo gar nicht reden durfte. Tatsächlich wäre es fast dazu gekommen, dass der Neffe von JFK (»Ich bin ein Berliner!«) von der Berliner Polizei in Gewahrsam genommen worden wäre. Und das haben wir dann hinter der Bühne verhindert. Nachdem er seine Rede gehalten hatte, ist die Polizei dann zu ihm gekommen und hat gesagt, Herr Kennedy, wieso sind Sie hier? Sie müssen eigentlich in Quarantäne sein. Da bin ich dazwischengesprungen und habe gesagt, na ja, wenn er nicht in der Quarantäne ist, ist das ja eine Ordnungswidrigkeit. Dann können Sie jetzt seine Adresse aufnehmen und schicken ihm dann nach New York den deutschen Bußgeldbescheid. Ich habe dabei die Polizisten relativ massiv verbal bedrängt und sie haben nur auf mich geachtet. Da haben die anderen Leute im Hintergrund den Kennedy gepackt und sind mit ihm über die Mauer durch den Park abgehauen. Als die Polizisten dann endlich Kennedy in Gewahrsam nehmen wollten, war er weg. Das war eine richtige James-Bond-Nummer.

Noch mal zum Camp: Das Oberverwaltungsgericht hatte also das Camp, wie gesagt, mit der Begründung zurückgewiesen, es wäre nicht inhaltlich und keine Versammlung. Und dann hat Michael dem Verfassungsgericht mitgeteilt, dass das Camp eine verfassungsgebende Versammlung sei. Und ich nehme an, dass Michael ab dem Moment bei ganz vielen zum gefährlichsten Mann Deutschlands geworden ist. Weil er nicht nur von einer »verfassungsgebenden Versammlung« geredet hat, sondern weil er tatsächlich Hunderttausende Menschen nach Berlin gebracht hat. Das war aus Sicht der Staatsräson eine sehr gefährliche Situation an diesem 29.8.2020. Hunderttausende Menschen waren in Berlin, die Technik, die Möglichkeiten, die Zelte, alles stand bereit, um jetzt tatsächlich darüber zu diskutieren: Darf der Staat in dieser Form, wie er es gerade macht, in die Freiheitsrechte der Menschen eingreifen? Die Menschen als souveräne Bürger dieses Staates stellen sich auf die Straße und sagen, so, wir wollen jetzt darüber diskutieren, was darf der Staat, was darf er nicht. Wie ist die Verfasstheit unserer Gesellschaft, ist die gut oder schlecht oder was müssten wir an ihr ändern?

Michael Ballweg:

Ja, das waren die inhaltlichen Punkte für das Querdenken-Camp, und die einzelnen Initiativen waren aufgerufen, LKWs mitzubringen, um sie auf dem Camp als kleine Bühnen benutzen zu können. Die große Bühne bleibt stehen, auf den kleinen Bühnen wird praktisch debattiert und die Teilnehmer legen dann selbst fest, was am Abend auf die große Bühne kommt. So ein bisschen wie »Deutschland sucht den Superstar«, um in mehreren Runden die besten Ideen zu finden, wie wir die im Grundgesetz garantierten Freiheitsrechte zurückgewinnen und behalten können. Dass da nun keine Linksextremisten und keine Rechtsextremisten diskutieren, sondern die Mitte der Gesellschaft, wurde staatlicherseits als die große Gefahr gesehen. Wobei ich fairerweise sagen muss, dass wir das am Anfang nicht so angekündigt haben. Diese Idee mit der verfassungsgebenden Versammlung kam mir ganz spontan, als das Gericht gesagt hat, das Camp sei inhaltsleer. Okay, dachte ich mir, ich berufe mich auf das Versammlungsrecht und lasse das Verfassungsgericht darüber entscheiden, ob es legitim ist oder nicht, über die Verfasstheit der Gesellschaft (Grundgesetz Artikel 146) zu debattieren. Über die Inhalte von Versammlungen darf das Gericht aber nicht entscheiden, und deshalb haben sie dann den Kunstgriff mit dem fehlenden Hygienekonzept gewählt.

Es kam an diesem 29.8. ja dann auch zu diesem furchtbaren »Reichstagssturm«, als Leute in den Reichstag eindringen wollten und ankündigten, Donald Trump ist hier und wird uns helfen. Dieser »Sturm« ging von einer Bühne direkt links vor dem Reichstag aus, die von einer Organisation (die die Verfassung von 1871 zurückwill. Es geht dieser Orga um Reichsbürgertum in dem Sinne, dass Deutschland in den Grenzen von 1871 wiederhergestellt werden soll, die Verfassung von 1871 genutzt werden soll und die Nachfolger des Kaisers wieder an die Macht kommen sollen, was natürlich im totalen Widerspruch zu den Zielen von Querdenken steht.) angemeldet und genehmigt worden war.

Wir haben gerade darüber gesprochen, wie dezidiert die Gerichte versucht haben, die ganzen Querdenken-Demos zu kanalisieren, zu formatieren oder auch zu verhindern – und gleichzeitig wird einer dubiosen Gruppe direkt vorm Reichstag eine Bühne genehmigt und eine weitere Demo erlaubt, obwohl man seit dem 1. August wusste, dass man mit einer Million Querdenkern rechnen musste.

Das war jedenfalls total krass. Vor allem ist es ja so, dass es Bannmeilen gibt und eine Demo vor dem Reichstag muss ja vom Innenministerium oder vom Innensenator noch mal separat genehmigt werden. Deshalb durfte die Querdenken-Demo zum Beispiel nicht auf den Spreeweg vor das Schloss Bellevue, weil da der

Bundespräsident residiert. An diesem 29.8.2020 gab es Dutzende Demonstrationen und nur unsere wurde verboten und musste ihr Recht einklagen. Die Presse hatte sich ja schon auf Querdenken eingeschossen und das Publikum vorbereitet, dass da ganze viele Leute kommen und vielleicht schlimme Sachen passieren …

Was war das genau für eine Gruppierung, deren Bühne da direkt vor dem Reichstag genehmigt worden war?

»Staatenlos« nennen die sich, diese Gruppe von einem Rüdiger Hoffmann, der früher mal bei der NPD war. Die vertreten diesen Reichsbürgerquatsch und wollen zurück in die Vergangenheit, ins Kaiserreich. Dann gab es dort auch die Leute, die gesagt haben, Trump rettet uns, wir müssen vor der amerikanischen Botschaft demonstrieren; und eine weitere Fraktion, die gesagt hat, Putin rettet uns, wir müssen vor der russischen Botschaft demonstrieren. Was wollt ihr denn auf der Straße 17. Juni, fragten die uns. Ihr müsst doch wahlweise vor den Reichstag, vor die russische Botschaft oder vor die amerikanische Botschaft. Wir haben uns da ferngehalten und gesagt: Macht euer Ding alleine, wir stehen für Eigenverantwortung und Selbstbestimmung. Wir warten nicht, bis jemand das Fenster öffnet und sagt, hier habt ihr eure Grundrechte wieder. Wir fordern sie aktiv zurück.

Wie am 1. August 2020 gab es auch am 29. August wieder einen Aufzug, vor der Hauptkundgebung am Großen Stern, die von 15.30 Uhr bis 19.30 Uhr geplant war. Am 1. August hat die Polizei dann am Sowjetischen Ehrenmal, 100 Meter hinter dem Brandenburger Tor, eine Sperre eingezogen, um die Leute nicht zur Demo durchzulassen. Aber die sind dann einfach links und rechts vorbei durch den Tiergarten gelaufen. Aber jetzt, am 29.8., wurde der Aufzug in der Friedrichstraße eingekesselt. Er sollte von dort, weit vorbei am Reichstag, zum Großen Stern führen; der Reichstag lag nicht im Interesse von Querdenken und war auch nicht auf der Strecke. Querdenken wollte ein großes Zeichen setzen, »Berlin invites Europe«, ein großes Zeichen an Europa und an die Menschen in Europa, die kritisch denken: Guckt mal, was wir hier auf die Beine stellen, ihr könnt das auch. Das war die Intention, wir wollten gute Bilder produzieren, friedliche Bilder. Und dann wurde dieser Aufzug schon in der Friedrichstraße aufgehalten und durfte nicht losgehen. Angeblich, weil die Abstände nicht eingehalten wurden. Dabei darf man nicht vergessen, dass der Aufzug an allen Seitenstraßen komplett dichtgemacht war und die Polizei die Leute reingeschoben hat. Man macht also alles dicht und schiebt die Leute weiter rein. Da geht dann nichts mehr mit Abstand. Aber man hat einen Grund, die Demo aufzulösen. Eine riesige Menschenmenge war eingekesselt und konnte sich weder nach vorne noch nach hinten bewegen.

Ralf Ludwig:

Diese Auflösung ist immer noch im Verfahren am Verwaltungsgericht Berlin. Es hat mich jüngst, im Juli 2023, angeschrieben mit der Frage, ob wir denn das Verfahren nicht einstellen wollten, weil so etwas wie die Corona-Maßnahmen gar nicht mehr drohen, es damit keine Wiederholungsgefahr gibt. In dem Zusammenhang habe ich mit dem Versammlungsanmelder des Aufzugs telefoniert und von Merkwürdigkeiten erfahren, von denen ich bisher gar nichts wusste. Sein Ansprechpartner war ein ganz junger Polizist, der ihm in der Friedrichstraße sagte: Wir ordnen jetzt nur noch und dann könnt ihr loslaufen. Von diesem Ansprechpartner kam immer die Botschaft: Es geht gleich los. Irgendwann kam dann eine Polizeieinheit, die mit ihm gar nichts zu tun hatte, von der er auch nichts wusste, und diese andere Polizeieinheit hat dann gesagt: Ihre Versammlung ist jetzt aufgelöst. Der Anmelder ging dann zu diesem jungen Kontaktbeamten, der immer noch meinte, dass es gleich losgeht, schließlich aber aufgeregt weglief und mit der Botschaft kam: Die Versammlung ist jetzt aufgelöst. Und dann durften die eingekesselten Menschen aus der Friedrichstraße nicht wie geplant laufen, sondern kamen nur in Richtung Reichstag raus.

Am Brandenburger Tor standen dann Leute mit Megafon und riefen: Kommt alle zum Reichstag. Das waren, würde ich sagen, Leute vom Verfassungsschutz. Es wurden auch schwarz-rote Fahnen verteilt und Donald Trump angekündigt – die mit dem Megafon versuchten, die Massen zum Reichstag zu lenken. Aber die Allermeisten sind weiter Richtung Stern gegangen, weil sie ja zur Querdenken-Demo gekommen waren.

Ich habe damals auch einige Videos über diese Ablenkungs-, Umlenkungsmaßnahmen gesehen und sofort den Verdacht gehabt, dass da Agenten des Staatsschutzes am Werk waren, die aus der Mini-Demo dieser »Staatenlos«-/«Q-Anon«-Gruppen etwas Größeres machen und einen »Reichstagssturm« inszenieren wollten. Obwohl dann später nur ein paar Dutzend die Treppen hochrannten, wurde der Zirkus in den Medien als »Sturm auf den Reichstag« und »Angriff auf die Demokratie« ganz groß aufgefahren …

Michael Ballweg:

Es gab ja vorher schon einen Appell von irgendeinem komischen Typen, der unter Anonymous mit einer Kettensäge zum Sturm auf den Reichstag aufrief. Die Dienste und die Polizei Berlin kannten das auch und hätten sie das ernst genommen, wäre das ein sehr guter Grund gewesen, diese Demo zu verbieten.

Ralf Ludwig:

Noch ein interessanter Fakt zu diesem »Reichstagssturm«: Es wird kolportiert, dass mehrere Hundert Menschen, ich glaube 400, diese Reichstagstreppen hochgelaufen sind. Aber es gab exakt nur vier Verurteilungen wegen Landfriedensbruch. Mehr gibt es nicht. Obwohl man doch auf Fotos und Videos ziemlich leicht herausfinden kann, wer diese Menschen auf der Treppe waren. Damit kann man schon mal sagen, diesen »Sturm« kann es juristisch nicht gegeben haben. Es gab und gibt ihn nur in der Presse. Dabei geht es gar nicht darum, wie ich das bewerte, sondern selbst unser Staat hat es offensichtlich nicht als »Sturm«, als einen massiven Angriff gewertet, sonst hätte es viel mehr Verurteilungen gegeben. Aber die gibt es nicht. Es wurde nur ein wunderbares Narrativ produziert: dass Querdenker dasselbe sind wie Reichsbürger und dasselbe wie Nazis – und die gehen gegen unsere Demokratie vor und gegen den Bundestag, der jetzt im Reichstag sitzt.

Michael Ballweg:

Ich habe davon wenig mitbekommen, weil ich ja auf der Bühne am Stern beschäftigt war. Irgendwann kam dann dieser Rüdiger Hoffmann zu mir an die Bühne und schrie mich total panisch an, dass ich alle Menschen rüberschicken muss zum Reichstag, sonst wäre ich schuld am Tod von 7 Millionen oder 7 Milliarden Menschen. Ich habe dann nur abgewunken und gesagt, er soll mich in Ruhe lassen, und wir haben mit unserem Programm weitergemacht.

Auf deren Bühne dort stand dann eine leicht hysterische Heilpraktikerin, die sagte: Donald Trump ist in der Hauptstadt. Er wird uns retten ...

Genau. Und dann sind die Leute die Treppen hoch, und oben standen drei Polizisten. Einer davon ist auch noch Schauspieler von einer Polizeiserie, so einer Reality-Show. Er war auch der einzige ohne Helm, sodass man ihn erkennen konnte. Und der hat dann wie Darth Vader das Laserschwert seinen Knüppel geschwungen, das sieht man auf den Videos, und die Leute, die vor ihm stehen, sind total erschrocken und sagen, was ist denn los? Was machst du denn? Bleib mal ruhig ...

Ralf Ludwig:

Man sieht in der Menge auch Leute mit Querdenker-T-Shirts, die man von dem Aufzug auf dem Weg zum Stern dorthin gelenkt hatte. Folgendes Bild sollte erzeugt werden: Querdenker = Reichsbürger = Nazis, ein Angriff auf unsere Demokratie. In dem Zusammenhang bekommt die Idee, dass das Verwaltungsgericht unsere Bühne nur 100 Meter von der Neonazi-Bühne entfernt stehen haben wollte, eine ganz andere Bedeutung. Wie kommt das Verwaltungsgericht überhaupt auf die Idee, die Bühne a) an einen anderen Ort zu verlegen und b) warum ausgerechnet ans Brandenburger Tor und nicht an das andere Ende der Straße des 17. Juni, Richtung Ernst Reuter Platz? Und eine Demo am Reichstag von einer Organisation ehemaliger NPD-Funktionäre, die schon vom Verfassungsschutz beobachtet wird, wird nicht verboten. Es gibt dafür sogar die zusätzliche Genehmigung des Bundesministeriums, die erforderlich ist, weil der Ort innerhalb der Bannmeile ist. Und dann ist keine Polizei da, die den Reichstag schützt. Das muss man sich mal vorstellen, wenn man jetzt in der »Zeit« liest, wenn ein demokratischer Staat ein Organismus ist, dann ist das Parlament das Herzstück. Das heißt, die Staatsmacht war nicht in der Lage, das Herzstück zu schützen beziehungsweise wollte es nicht schützen. Weil sie dieses Narrativ produzieren wollte: Diese Querdenker, das sind keine Bürger, die auf dem Grundgesetz bestehen und auf der Verfassung, sondern das sind mit der NPD und anderen wirklich suspekten politischen Akteuren verbundene Verrückte oder Radikale.

Man wusste natürlich, dass das Herz nie bedroht oder gefährdet war, sonst hätten vor dem Reichstag 200 Polizisten behelmt und in Kampfmontur gestanden, statt nur 3, 4 Hanseln oben auf der Treppe. Und suspekte Akteure durften direkt davor ihre Bühne aufbauen, obwohl man doch wusste, da kommen Minimum 1,5 Millionen Leute, die zur Demo am Großen Stern wollen …

Man darf in diesem Zusammenhang nicht vergessen, dass das erste NPD-Parteienverbotsverfahren ja deswegen gescheitert ist, weil Bund und Länder die V-Leute in der NPD nicht bekannt geben wollten. Und nachdem man die V-Leute zurückgezogen hatte aus der NPD, wurde die Partei im zweiten NPD-Verbotsverfahren dann nicht verboten, weil sie bedeutungslos war. Das heißt, die Bedeutung der NPD hat nur existiert, weil sie von V-Leuten durchsetzt war, als staatlich finanzierte V-Mann-Organisation sozusagen.

Schon einer der Mitgründer der NPD, Adolf von Thadden, war ja ein V-Mann des britischen Geheimdiensts – was aus der Sicht der Besatzungsmächte ja auch Sinn macht: dass irgendwelche rechtsextremen Parteien entstehen, lässt sich demokratisch nicht verhindern, also gründet und kontrolliert man sie besser selbst.

Michael Ballweg:

In irgendeinem Interview habe ich mal gesagt, es gibt in Deutschland eigentlich gar keine Nazis, weil alle echten Nazis V-Leute vom Verfassungsschutz sind.

Der »Reichtagssturm« fand ja dann beim »Kapitolsturm« in Washington im letzten Jahr eine verblüffende Parallele: Trump-Anhänger, die einer Rede folgen wollten, wurden zum Kapitol gelockt, wo es dann – wie mittlerweile dokumentiert ist – V-Leute und FBI-Agenten waren, die die Randale anführten, die Fenster einschlugen und die Leute ins Haus lockten.

Ja. Und der Typ mit dem Büffelhorn war ein arbeitsloser Schauspieler. Dass diese Leute am Reichstag überhaupt an diesem Tag eine Demonstration machen dürfen, dass die Polizei nicht da ist und nicht einschreitet und gar keine Vorkehrungen getroffen hat, den Reichstag zu schützen – das kann eigentlich gar nicht sein. Es sollte vielmehr genau das erreicht werden, was dann geschehen ist. Schöne Bilder, die zeigen: Die Demokratie wird angegriffen. Plan A war sicherlich das Demo-Verbot, und als sie gemerkt haben, das hält nicht, haben sie halt diesen Alternativplan mit den Neo-Nazis und Q-Anon-Spinnern an der Reichstagstreppe entwickelt, um Querdenken damit zu kontaminieren.

Dennoch war diese riesige Demo doch ein Höhepunkt für die Querdenken-Bewegung. In wenigen Monaten von ein paar Dutzend auf über eine Million Teilnehmer …

Ja, und danach waren ich und das Team auch erst mal platt. Wir haben mit einer Kerntruppe von vielleicht 25 Leuten in einem Monat zwei solche Großevents organisiert – viel größer als zum Beispiel ein Festival wie Wacken, das einmal im Jahr von einem 80-köpfigen Team organisiert wird. Wir brauchten erst mal eine Pause. Aber im Nachhinein muss ich sagen, dass diese beiden Berlin-Demos einen riesigen Effekt hatten und sehr viele Leute daraufhin dann selbst aktiv geworden sind. Wir hätten die Zahl der Initiativen dann noch mal verdoppeln können, aber das konnten wir nicht mehr stemmen. Das Team war einfach erledigt.

Ich habe ja parallel auch noch das Thema OB-Wahlkampf angepackt. Nicht, weil ich Oberbürgermeister in Stuttgart werden wollte, sondern weil ich meine Werbeplakate für die Demos aufhängen wollte. Deshalb habe ich mich als OB-Kandidat aufstellen lassen. Einer unserer Erfolgsfaktoren war natürlich professionelles Marketing. Ich hatte zum Beispiel alle Litfaßsäulen in Stuttgart gebucht. Knapp 12 000 Euro pro Buchung. Bis das Framing der Presse wirkte und man uns irgendwann, als wir buchen wollten, sagte: Wir wollen euer Geld nicht. Wir hatten einen Fernsehsender, den LTV, der unsere Demos übertragen hat, bis er von der Rundfunkaufsicht auseinandergenommen wurde. Es war in diesem August 2020 eine echte Aufbruchstimmung in Deutschland zu spüren. Unsere Idee Querdenken hatte sich verselbstständigt, überall wurden Initiativen und Leute mit unserem Material aktiv. Es war eine große Energie, die – und jetzt machen wir den Bogen zurück zur Idee von Querdenken – aus der Freude heraus entstanden ist. Weil wir gesagt haben, wir haben Freude daran, den Staat in der Absurdität dieser Maßnahmen vorzuführen.

Ralf Ludwig:

Michael und ich wussten von vornherein, dass sie irgendwann unseren Humor nicht mehr ertragen können und nicht damit klarkommen. Das ist übrigens ganz typisch für totalitäre Regime: mit Humor können sie nicht umgehen. Das wurde spätestens dann deutlich, als die »heute-Show« und dieser Herr Böhmermann sich nicht lustig machten über die grotesken, immer absurderen Corona-Maßnahmen, sondern Satire im Namen der Staatsraison machten. Also da war für uns klar: Mit Humor kriegen wir sie und treiben den Staat derart in die Weißglut, dass alles immer absurder wird.

Und das wurde es ja auch. Man könnte ein ganzes Buch darüber schreiben, wie permanent die Regeln verändert wurden, unter welchen Bedingungen man von einer Maske befreit ist. Am Ende musste man ja quasi einen Arzt immer bei sich führen, der bestätigt, bezeugt durch einen anderen Arzt, dass das Attest nicht von einem »Schwurbelarzt« ist und man tatsächlich maskenbefreit sein darf. Irgendwann stand in den Verordnungen drin, dass mit dem lateinischen Begriff und der ICD-Nummer in dem Attest genau festgelegt sein muss, welches Leiden der Betroffene hat – als ob ein Polizist eine medizinische Anamnese oder Diagnose lesen könnte. Wir haben für jede noch so absurde Regelung eine Lösung gefunden, und dadurch mussten sie es immer absurder machen. Das war unser Ziel, weil wir wussten, dass die Mehrheitsgesellschaft erst dann etwas merkt, wenn es völlig absurd wird …

Michael Ballweg:

Wir hatten beispielsweise zum 29.8. für 6667 Demo-Anmeldungen in Berlin gesorgt. Und im Vorfeld schon ein Formular gebaut, mit dem jeder Demonstrationen anmelden konnte, was also dann darin gipfelte, dass es 6667 Anmeldungen gab für die Demo am 29.8. Wenn man meine verbietet, hätten wir dann gleich irgendeinen anderen Versammlungsleiter gehabt. So kamen sie dann auf die Idee der Allgemeinverfügung, um allgemein Querdenken-Demos zu verbieten, was juristisch völlig absurd ist. Ja, es gab dann tatsächlich Allgemeinverfügungen, die besagt haben, Demonstrationen in diesem Gebiet, Berlin oder Köln oder XY, sind erlaubt, es sei denn, sie werden von Menschen aus dem Querdenker-Umfeld, aus dem »Querdenker-Milieu«, angemeldet.

Das war sozusagen der erste Schritt auf das Treppchen zum Staatsfeind Nummer eins.

Ein kleiner Schritt. Am 29.8. hatten wir, glaube ich, auch jeweils eine eigene Bundespressekonferenz. Also auf der BPK ging es nur um Querdenken, aber ich als Gründer und Demo-Veranstalter war nicht eingeladen. Zum rbb hatte man mich dann jedoch eingeladen, wo ich aber kaum zu Wort kam.

Ralf Ludwig:

Weil dir gegenüber der Olaf Sundermeyer saß, der nur Maschinengewehr-salvenartig erzählt hat, wer alles angeblich auf der Demo war und mit wem Michael alles zu tun hat. Also Kontaktschuld, Kontaktschuld, Kontaktschuld.

Michael Ballweg:

Das Lustige war, dass ich da auch gelernt habe, wie Medien funktionieren. Der rbb hatte bei der Sendung Leute mit roten Jacken im Publikum verteilt. Und da war aber leider eine Frau dabei, die wusste wohl nicht, dass sie nichts Rotes hätte anziehen sollen, und die dann interviewt wurde. Und die sagt dann, Herr Sundermeyer, also normalerweise muss ich Ihnen recht geben, aber was hier gerade läuft, ist komplett falsch. Und am Rand stand dann einer und hat gewedelt: Sofort aufhören, die gehört nicht zu uns!

Interessant. Als der WDR im Penny-Supermarkt gerade eine Mitarbeiterin als »Kundin« interviewt hat, gab es ja schon einen mittleren Skandal. Dass der rbb es bei einem ungleich größeren und wichtigeren Thema genauso macht, zeigt sehr schön, dass »Fake News«, inszenierte Realität, mittlerweile Standard sind bei den öffentlich-rechtlichen Sendern.

Die »Stimmen aus dem Publikum« sind alle ausgesucht und abgesprochen. An diesem 29.8. ist überhaupt so viel passiert, da könnte man noch mal ein eigenes Video zu machen, wo auch das ganze Team zu Wort kommt, denn jeder von denen hat viel erlebt und mitbekommen. Aber jetzt war das Team erst mal geplättet. Wir haben schließlich auch Energiefehler gemacht und uns in das Spielfeld des Gegners ziehen lassen, vor allem was die Pressearbeit betraf. Nachdem sie uns angegriffen hatten mit diesem Reichstagssturm, sind wir reflexartig in Rechtfertigungsreaktionen gegangen, statt uns zu erholen. Wir haben viel Zeit damit verbracht, diesen Reichstagssturm aufzuarbeiten, die Pressemitteilungen, Stellungnahmen und, und, und. Das hätten wir uns alles sparen können, denn es wurde natürlich nie gedruckt und bleibt bis heute unberücksichtigt.

Es ist die alte Methode, einfach und dauernd mit Dreck zu werfen, irgendwas bleibt immer hängen …

Ja, und deshalb haben wir es wieder mit Humor gemacht und eine Demo um den Bodensee angemeldet. Da können wir Abstand halten und die Presse hat es nicht mehr so schwer, uns von den »Extremisten« zu unterscheiden. Unser Team aus Stuttgart hat dann auch die Demo in Leipzig organisiert. Das war die Demo, bei der 50 000 Euro Minus dabei entstanden und bei mir hängen geblieben sind. Zudem gingen nach dem 29.8. die Schenkungen stark zurück, weil die Angriffe der Politik und das Framing der Medien Wirkung zeigten; dadurch sind bei mehreren Demos z. B. in Köln und Leipzig hohe Kosten entstanden, die ich getragen habe. Aber Leipzig war eine großartige Demo.

Die Polizei hatte inzwischen dazugelernt und uns schon am Aufbau gehindert, das haben sie in Berlin noch nicht gemacht. In Leipzig hatten wir Technik dabei, um den gesamten Augustplatz und die halbe Innenstadt zu beschallen. Die Polizei hat dann dafür gesorgt, dass nur noch ein Teil aufgebaut werden konnte, was natürlich dazu führte, dass die Versammlungsfläche zu klein war, die Leute immer enger zusammenkamen und dadurch die Versammlung mit fadenscheiniger Begründung (Verletzung der Auflagen, Mindestabstand) aufgelöst werden konnte. Aber ohne mit den Teilnehmern zu rechnen, denn die haben entschieden: Wir lassen uns die Demos nicht verbieten und gehen heim, aber wir machen trotzdem einen Aufzug. Sie sind dann losgelaufen und es kam zu dieser großartigen Demonstration um den Ring, offiziell waren es 45 000, aber ich denke, es sind um die 100 000 Menschen gewesen. Allein auf dem Augustplatz waren es 45 000. Allerdings wurde eine Gruppe polizeibekannter Hooligans von der Polizei vom Bahnhof zu unserer Demo geleitet. Es waren deutschlandweit bekannte Rechtsradikale, Typen, die normalerweise von der Polizei eingekesselt werden und nicht ins Stadion dürfen, und die wurden vom Bahnhof bis zur Querdenken-Demo eskortiert – damit die Presse Fotos machen und sagen konnte, welche schlimmen Figuren da demonstrieren. Und dann waren 4,7 Kilometer entfernt im links-alternativen Leipzig-Connewitz Wasserwerfer aufgefahren und Straßenschlachten im Gang, was nichts mit der großen Querdenken-Demo zu tun hatte, aber am nächsten Tag stand in der Leipziger Presse die Überschrift »Wasserwerfer und Straßenschlachten während Querdenkendemo«. Es war wieder genau die immer gleiche Geschichte, Querdenken als gewalttätig, als rechts zu framen. Das war in Leipzig noch viel offensichtlicher, fand ich, als in Berlin. Demo-Verbote mit der Begründung Querdenker-Milieu, z. B. Bremen 4.12. oder Waldshut-Thiengen 17.12. Danach gab es noch Demos in Bremen am 4.12. und in Dresden am 13.12.

Ralf Ludwig:

Und dann war der absolute Tiefpunkt erreicht, denn es kamen pauschale Demoverbote, vom Verfassungsgericht, wo ich Klage eingereicht hatte, am 13.12. Das Gericht hat dazu gesagt: Demonstrationen dürfen verboten werden, wenn zu erwarten ist, dass diejenigen, die kommen, sich nicht an die Regeln halten. Damit war gesagt: Corona ist so schlimm, dass es das Leben Dritter gefährdet, und jeder, der rausgeht ohne Maske, gefährdet das Leben vieler Menschen. Und da die Querdenker sich nicht daran halten, ist das quasi gleichzusetzen mit dem Tod vieler Menschen, und deswegen kann jede Demo verboten werden, wenn Teilnehmer aus diesem Querdenker-Milieu kommen. Das war der Tiefpunkt der deutschen Nachkriegsjustizgeschichte. Danach war dann das Anmelden von Demos nicht mehr das Mittel der Wahl.

Michael Ballweg:

Ich hatte noch eine Demo angemeldet für den 31.12. in Berlin, da haben wir mit viel Freude verkündet, dass wir Desinfektionsschnee mitbringen, Schneekanonen, die Desinfektionsschnee versprühen, wir sorgen für gute Laune und machen eine Schneeballschlacht mit der Polizei. Doch nachdem sich das alles so zugespitzt hat und nachdem ich auch die Gewalt der Polizei erlebt hatte in Berlin, die es ja bis zum UN-Sonderberichterstatter Nils Melzer geschafft hat, habe ich mich dann entschlossen, die Demo abzusagen.

Querdenken hat immer für friedliche Demonstrationen gesorgt, und es war unter den Voraussetzungen unmöglich, ein friedliches Setting zu machen, und auch ein großes Risiko mit dem ganzen Equipment vor Ort, das am Ende nicht aufgebaut werden darf. Außerdem war ja die Straße des 17. Juni schon für die ZDF-Hygiene-Neujahrs-Show belegt, da waren Zelte aufgebaut für die VIPs, da war nichts mit Maske und Abstand, die haben richtig Party gemacht. Da konnte man schön sehen – und das hat viele Leute auch auf die Barrikaden gebracht – aha, die VIPs, die dürfen feiern und wir dürfen nicht. Und dann ging von dieser Show noch etwas viral: Ein Paar hat auf der Bühne getanzt, beide mit Masken auf, und weil es so kalt war, hat sich der Atem gezeigt. Da hat man gesehen, dass der eine immer in der Atemwolke des anderen war, obwohl ja beide Masken aufhatten, womit sich der ganze Blödsinn, die Absurdität dieser Masken, wunderbar gezeigt hat.

Die letzte große Demo 2020 war die in Leipzig gewesen. Und mit dem Pauschalverbot von Demos der Querdenker-Szene haben wir verstanden, dass wir jetzt andere Formate brauchen.

Schließlich haben wir stark auf die Autokorsos fokussiert, die dann auch verboten wurden oder auf absurden Routen außerhalb von Stuttgart stattfinden sollten. Dagegen sind wir juristisch vorgegangen, um dieses Thema juristisch durchzufechten. Wir waren dann auch erfolgreich, durften einmal durch die Innenstadt fahren, aber nur einmal. Das nächste Mal haben wir dann vor Gericht verloren.

Dann gab es 2021 die große Demo in Kassel, die im Hintergrund von Querdenken mitorganisiert wurde. Es war eine genehmigte Kundgebung außerhalb der Stadt und es waren 5 000 Leute erlaubt. Doch die Menschen haben einfach entschieden, wir gehen da gar nicht hin zu der Kundgebung, wir gehen einfach in die Innenstadt. Dort haben sich mehrere spontane Aufzüge ergeben und die Stadt hatte irre viel aufgefahren, um diese Demos alle zu verbieten. Hat aber alles nichts geholfen, die Selbstermächtigung war sehr deutlich zu spüren. Das ging dann auch in Stuttgart weiter, da war endlich wieder eine Kundgebung auf dem Cannstatter Wasen angemeldet. Auf dem Marienplatz sollte der Aufzug starten, der wieder verboten, kurzfristig dann doch genehmigt wurde, wir wurden aber auf jeden Fall ganz schön drangsaliert. Es war jedoch eine sehr, sehr große Kundgebung mit bestimmt 50 000 Leuten.

Aber 2021 hatten wir nicht mehr die energetische Stärke und auch nicht mehr die finanzielle wie 2020, wir haben uns natürlich ausgepowert. Und die vielen Angriffe von innen und von außen haben ein Stück weit ihren Tribut gefordert. Dann gab es bei mir die ersten Kontenkündigungen. Meine Firma hat keine Erlöse mehr gemacht, weil die ganzen Großkunden abgesprungen sind, nachdem sie gehört haben, was ich mache. Also war 2021 organisatorisch viel schwächer aufgestellt als 2020. Im Jahr 2020 ausgeruht in Vorbereitung auf eine Weltreise, das Konto voll von dem Firmenverkauf, ein funktionierendes Team Softwareentwickler in der Ukraine am Start, meine Ehe noch intakt, meine damalige Ehefrau war gleichzeitig Projektmanagerin und hat viel mitgearbeitet. Das ist dann alles so langsam zerbröckelt, was aber mental in Ordnung war für mich jetzt, weil ich wollte das Ganze von Anfang an sowieso dezentral haben. Und diese Fragmentierungen oder Eigenermächtigungen, die haben wir 2021 noch viel mehr gesehen. Was dann in den Montagsspaziergängen gegipfelt hat.

Wann fingen die an?

Im Oktober 2021, als dann wieder der nächste Lockdown kam. Da lautete die Parole: Wir machen keine Kundgebung, wir machen keine Demo, wir gehen spazieren. Und die Leute hatten auch wirklich Humor dabei. Die Polizei hat immer gesagt, wir müssten einen Versammlungsleiter benennen. Dann haben die Leute eine Leiter hingestellt und dran geschrieben: Versammlungsleiter. Die Politik konnte das alles nicht fassen und die Polizei war kurz vorm Aufgeben.

Ralf Ludwig:

2020 war das offizielle Narrativ noch nicht so gefestigt, aber 2021 machen die Behörden dann alle mit und haben vom Verfassungsgericht ihre feste Begründung erhalten: Wenn Querdenken kommt, darf ich verbieten, weil Querdenken sich nicht an die Regeln hält. Die Medien haben da mitgemacht und der Verfassungsschutz war schließlich auch dabei. Am 9. Dezember 2020 wurde dann zum ersten Mal gesagt, dass man Querdenken beobachtet wegen der Delegitimierung des Staates. Das bedeutete also, die Reihen hatten sich geschlossen und sich hinter dem Narrativ dieser furchtbaren, gefährlichen, tödlichen Krankheit versammelt, und wenn wir nichts dagegen tun und die Menschen solidarisch sind, dann sterben viele Hunderte, Tausende, Millionen Menschen ...

Für uns war damit klar: Das Anzeigen von Demonstrationen funktioniert nicht mehr, weil der Rechtsstaat nicht mehr funktioniert, der Rechtsstaat es nicht mehr zulässt.

Es ist eine politische Entscheidung, dass man Masken tragen muss, Abstand halten muss und so weiter, nicht das Haus verlassen darf oder im Altenheim oder Krankenhaus Verwandte nicht besuchen kann und so weiter, das sind ja keine Entscheidungen eines Virus, sondern es sind menschliche Entscheidungen. Und dann wurde denen, die gegenüber diesen Entscheidungen eine andere Meinung hatten, verboten, diese andere Meinung nach außen zu tragen. Aber dann haben die Menschen gesagt, ja, ihr könnt zwar verbieten, dass wir offiziell unsere Meinung sagen, dann machen wir es halt anders. Dann gehen wir spazieren, so hat sich das entwickelt.

Es gibt dieses schöne Bild, das viele fotografiert haben, wo eine Blume aus dem Asphalt kommt. So lässt sich Freiheit auch bei Menschen nicht verbieten. So sind die Menschen halt drumherum gegangen. Michael hat immer gesagt: Wenn euch ein Hindernis entgegensteht, fließt drumherum. Und das ist tatsächlich mit diesen Spaziergängen passiert.

Michael Ballweg:

Als der Staat dann angefangen hat, auch diese Spaziergänge zu verbieten, waren die Menschen unglaublich clever. Sie haben Spaziergänge angemeldet. Dort ist die Polizei hin, weil es ja Verbote gab und die Polizei die Verbote durchsetzen musste. Aber die Menschen sind ganz woanders hingegangen und haben sich dort getroffen. Das heißt, es war ein Hase und Igel oder Katze und Maus Spiel, das aber die Menschen gewonnen haben, weil so unglaublich viele bei den Spaziergängen auf der Straße waren. Es waren die größten Demonstrationen, die es in Deutschland je gegeben hat, zwischen Oktober 2021 und Februar 2022. Millionen Menschen waren auf der Straße, die Polizei hatte schon kapituliert, sie konnten gar nicht mehr alle Versammlungen begleiten und kontrollieren. Es haben sich immer mehr Polizisten krankgemeldet. Die Menschen haben einfach gesagt, ihr könnt uns nicht verbieten, auf die Straße zu gehen und unsere Meinung zu sagen. Und wenn ihr das *hier* verbietet, dann machen wir es halt woanders. Aber wir machen es. Interessant war, wieviel Angst das der Politik machte, noch als ich im Gefängnis war, las ich von den Warnungen vor einem «heißen Herbst«...

Ralf Ludwig:

Das war die Dezentralisierungsleistung von Michael. Womit niemand gerechnet hat. Dass sich da nicht einer hinstellt und sagt, ich habe hier das größte Ego und will, dass in den Geschichtsbüchern steht, Michael Ballweg ist derjenige, der in Deutschland das Corona-Regime gekippt hat; sondern dass einer als Informatiker ein Demo-Format aufbaut und Teilnehmer rekrutiert, das dezentral ist. Und in anderthalb Jahren den Menschen beigebracht hat, wie demonstriert man in verschiedenen Situationen, wie geht man damit um, was tut man wann. Jeder konnte auf einmal unterscheiden zwischen angezeigter Versammlung, Eilversammlung und Spontanversammlung. Das ist interessant; wenn man sich die Videos anguckt, steht immer einer vor dem Polizisten und sagt, das ist eine Spontanversammlung, die muss ich nicht anmelden, lassen Sie mich jetzt hier demonstrieren und so weiter. Die Polizisten wurden auf einmal mit einer Rechtssprache konfrontiert und konnten dann häufig nichts machen.

Michael Ballweg:

Das war die Kraft der Dezentralität, also nicht der Hierarchie und der Pyramide, sondern des Schwarms, der ausschwärmt und autonom wird. Eigenverantwortlich. Ich habe da gelernt, dass Deutschland unheimlich unterschiedlich reagiert. Früher war ich einfach nur viel in der Welt unterwegs, je weiter, desto besser. Durch meine Demoreise habe ich kennengelernt, wie vielfältig Deutschland ist. Die Leute haben sich unheimlich viel einfallen lassen.

Also die Ostfriesen spazieren anders als die Bayern?

Es kamen die verschiedensten Ideen, es gab diese spontanen Frühstücke, wo die Leute, als die Cafés geschlossen waren, sagten, wir machen jetzt unser eigenes Café, wir machen öffentliches Picknick. Dann gab es dieses Thema, wir machen die Läden wieder auf, teilweise. Spaziergänge sind überall gleich, aber die Nuancen sind überall anders, teilweise haben die Leute es ins Brauchtum gepackt oder als Gottesdienste verkleidet, teilweise Autokorsos, teilweise Gedenkveranstaltungen, Schweigemärsche.

Ralf Ludwig:

Lothar Wieler, der ehemalige Chef des Robert-Koch-Instituts, hat ganz am Anfang gesagt: Regeln dürfen nicht hinterfragt werden. Und Michael Ballweg ist aufgestanden und hat gesagt, hinterfrage alles, gehe zur Quelle und hinterfrag auch mich. Und das waren tatsächlich die beiden Positionen. Die Regeln dürfen nicht hinterfragt werden – wenn man das durchsetzen will, muss man scheitern. Das kann nicht funktionieren. Was für ein Aufwand, um das alles zu kontrollieren: Das ist letztlich unmöglich. Ich schaffe es nur, wenn ich die Gesellschaft so verängstige, dass sie sich selber kontrolliert, und damit das Denunziantentum wieder groß mache.

Und jetzt gehen also ab Oktober 2021 viele Menschen überall in Deutschland spazieren, um ihre Meinung kundzutun.

Ralf Ludwig:

Und Bundespräsident Steinmeier sagt dann dazu: Der Spaziergang hat seine Unschuld verloren. Zitat von Steinmeier, großartig! Und die »Süddeutsche« schreibt: Es ist jetzt »rechts«, im Wald spazieren zu gehen, oder sogar »rechtsradikal«. Das Framing ging also weiter, am Anfang betraf es nur die Demos und Kundgebungen, und jetzt ist auf einmal quasi jeder, der sich anschließt oder spazieren geht, »rechts«, »Nazi«, »unsolidarisch« und so weiter ...

Michael Ballweg:

Und ein Ernst Wolff wird bei attac ausgeschlossen, weil er bei uns auf den Demos geredet hat. Attac hat sich ja auch gegen Querdenken positioniert. Aber noch etwas zu den Spaziergängen: Ein wesentlicher Kipppunkt war, dass bei den Spaziergängen erstmalig auch der Anteil der Geimpften gleich groß war wie der Anteil der Ungeimpften. Das war in der Phase, wo dieser Zirkus mit 2G, 2G+, 2G++ eingeführt wurde. Auf einmal haben die Geimpften gemerkt, wir können ja gar nicht mehr mit unseren Freunden dahin, wo wir hinwollen. Was soll denn das? Wir als Geimpfte dürfen auf einmal in ein Konzert oder zu einem Fußballspiel und meinen ungeimpften Freund darf ich nicht mitnehmen? Jetzt kam das Framing, Querdenker wären die Ungeimpften und Rechten, ins Wanken, denn bei den Spaziergängen waren massenhaft geimpfte Menschen dabei. Und gingen auch ans Mikrofon und sagten: Ich bin geimpft, aber ich finde die Spaltung der Gesellschaft und die Hatz auf Ungeimpfte unerträglich.

Es ging jetzt nicht mehr um die Frage Impfung oder Nicht-Impfung, Maske oder Nicht-Maske, sondern darum, wie wir miteinander umgehen. Da hat ein Großteil der Gesellschaft gemerkt, gegen das, was hier passiert, müssen wir zwingend aufstehen. Und diese zwingend eingeforderte Solidarisierung, die hat dann tatsächlich auf der Straße stattgefunden.

Du hast dich dann aber, als überall spaziert wurde, ein wenig zurückgezogen. Was hast du gemacht?

Ich habe mal ein bisschen meine Wunden geleckt und versucht, in mir wieder die Mitte zu finden. Durch dieses ganze Arbeiten und 365 Tage online und rund um die Uhr mehr oder weniger präsent, da habe ich mich ein wenig auch selbst verloren. Die finanzielle Basis war ein Stück aufgebraucht, es stand die Scheidung an von meiner Ehefrau, ich habe beschlossen, mein großes Haus zu verkaufen will, weil ich es nicht mehr brauche. Nach dem 29.8.2021, als ich gesehen habe, dass sich das Ganze verselbstständigt, war für mich klar, dass ich ein bisschen in den Rückzug gehen und mich wieder um mich kümmern kann. Es hat ja auch ein paar Wunden hinterlassen, viele Verfahren liefen auch noch, und da habe ich angefangen, mich etwas zurückzuziehen. Es ging mir hauptsächlich darum, dass viele Dinge liegen geblieben waren und dass ich mich auf neue Themen fokussieren wollte.

Mir war auch klar, dass die Organisation weiter professionalisiert werden musste, in der Form, dass da nicht nur Ehrenamtliche arbeiten, sondern dass wir eine stabile Struktur finden, wie wir weiter wachsen können.

Formal bestand Querdenken aus zwei Teilen, der eine Teil war Michael Ballweg, der die Demos organisiert hat, und es gab seine Firma, die Media Access GmbH, die die ganzen Vernetzungen und IT-Lösungen gebaut hat. Um das zusammenzuführen, hatte ich dann eine Stiftung und die »IT und Event Consulting AG« in der Schweiz gegründet. Ich wollte so eine organisatorische Stabilität herstellen, aber bin da sehr, sehr langsam vorangekommen, weil mir das Konto gekündigt wurde – und ohne Konto kannst du halt erst mal nichts mehr machen.

Mir wurde bewusst, dass wir mit dem Querdenken-Thema jetzt in die Veränderung gehen müssen. Ich war damit schon beim nächsten Schritt, im Sinne von: Nicht nur sagen, wir sind mit etwas nicht einverstanden und wir haben die Hoffnung, die Politik kommt noch mal in den Modus zurück, korrigiert das Ganze, und es finden so Heilungsprozesse statt. Sondern auch: Was können wir konkret tun?

Mir war klar, dass es zwei große Gegenentwürfe gibt. Das eine ist die Agenda 2030 aus Sicht der Globalisten: Du wirst nichts besitzen und trotzdem glücklich sein, ist hier die Parole. Da habe ich Querdenken um das Thema »Freiheit im digitalen Raum« erweitert und habe den »Digitalen Aktivisten« gegründet, mit dem Fokus: Wir erschaffen ein Apple-, und Google-freies Handy, denn die Digitalkonzerne sind eine große Gefahr. Und das zweite Thema ist: Wenn wir aus dem Bankensystem rausgeworfen werden, dann schauen wir halt, wie wir dezentrale Systeme weiter nutzen können. Deshalb beschäftigen wir uns mit Bitcoin. Und mit einem weiteren Projekt, das wir schon 2020 gestartet hatten, einem dezentralen Peer-to-Peer-YouTube-Ersatz. Wir streben an, dass ganz viele Leute Peertube-Server installieren und die dann miteinander vernetzen. Auch das hat ganz gut geklappt, aber auch da hängt es irgendwann an der Finanzierung, weil diese großen Plattformen dann auch richtig Geld kosten (weil IT-Projekte nicht nur Einmalkosten, sondern immer auch laufende Kosten verursachen). Mein Fokus war: Wir machen konkrete Veränderungsangebote, wo die Leute mitmachen können.

Also digitale Aktivisten werden.

Ja. Aufhören, bei Google und Apple mitzumachen, weil die Großkonzerne mit unseren Daten Profite generieren. Sie haben in der Pandemie gezeigt, dass sie nicht auf unserer Seite stehen, sondern auf Seite der Regierungen, dass sie viel und gerne zensieren und Unmengen Geld haben. Ich habe zum Beispiel gegen YouTube geklagt, gegen die Löschung unseres Kanals. Da bist du schnell mal 30 000 Euro los, und die lachen sich tot, löschen dich wieder, und du fängst wieder vorne an. Da kannst du unendlich Geld ausgeben, aber sie haben viel mehr. Deshalb habe ich nicht mehr gesagt: bitte lasst mich wieder auf eurem Spielfeld mitspielen, sondern wir machen jetzt einfach unser eigenes Spielfeld auf und bewirtschaften das und nutzen lieber unsere Finanzmittel, die zwar nicht so prächtig sind ... aber mit 30 000 Euro kannst du schon einen guten Peertube-Server aufbauen – oder du kannst das

Geld einer spezialisierten Rechtsanwaltskanzlei geben, die dich bei Google freiklagt.

Ralf Ludwig:

Michael sagt gerade, Google hat auf Seiten der Regierung gespielt. Die Frage ist aber eher, hat Google auf Seiten der Regierung gespielt oder die Regierung auf Seiten von Google? Wer regiert eigentlich, Google oder Olaf Scholz? Wir wissen nicht, wie die Verflechtungen wirklich sind, aber wir wissen, dass die Verflechtung da ist und dass über diesen Korporatismus die Bürgerrechte immer weiter eingeschränkt werden. Google und die großen Browserhersteller haben sich jetzt verpflichtet, Sperrlisten zu führen. Also es kann sein, dass du broeckers.com eingibst, und dann kommt: Diese Webseite ist verboten.

Michael Ballweg:

Genau, weil du halt den falschen Browser verwendest. Für digitale Aktivisten haben wir drei Bausteine: Wir haben einen alternativen Browser, Brave, statt der Mainstream-Browser, dann das Google-freie und Apple-freie Handy und Bitcoin als Zahlungsmittel. Das nenne ich immer digitale Freiheit, uns auch da aus der Abhängigkeit zu befreien. Gleichzeitig höre ich schon wieder, dass Telegram verboten werden soll. Und dass die EU neue Kontrollgesetze auf den Weg gebracht hat, und da sind die Leute immer gleich in Angst. Aber wir müssen nicht in Angst sein, wir müssen einfach nur veränderungsbereit sein. Wenn sie das eine verbieten, dann müssen wir halt flugs zum nächsten springen. Wir müssen vom Geist her ein offen sein und sagen, okay, da muss ich halt jedes Jahr mal die Plattform wechseln. Aber das macht ja nichts, wenn ich mich darauf einstelle, nicht davon überrascht werde und die richtigen Lösungsangebote parat habe. Dann ist es kein Problem.

Nachdem Tucker Carlson, der die beliebteste News-Show im US-amerikanischen TV machte, von Fox News gefeuert wurde, weil er in Sachen Corona zu pharmakritisch und beim Ukraine-Krieg zu kriegskritisch war, wechselte er zu X (vormals Twitter) – und hatte bei seinem Interview mit Trump unlängst 260 Millionen Views, das Zehnfache, was er früher bei Fox hatte ...

Ralf Ludwig:

Das zeigt die Macht der digitalen Plattformen und dass Querdenken das verstanden und orchestriert hat. Dass den Großmedien, den etablierten Cable News und den öffentlich-rechtlichen Sendern die Felle massiv wegschwimmen, ist ja bekannt: Nur noch ältere Leute gucken dort, und alles, was unter 40 ist, holt sich seine News im Netz. Es gibt eine Studie über die europäischen staatlichen Sendeanstalten, von 2017 ist die, glaube ich, der zufolge von den unter 35-Jährigen nur noch 8% ihre News von Öffentlich-Rechtlichen holen. Das heißt, die Öffentlich-Rechtlichen sterben aus. ARD und ZDF können uns eigentlich völlig egal sein, da sitzen nur noch »alte weiße Männer« (und Frauen) davor. Das bedeutet, wir müssen technische Innovation und Fortschritt zwingend vorantreiben ...

Das ist ein Punkt, an dem Michael innerhalb unserer Szene die größten Schwierigkeiten hat, weil ein ganz großer Teil technischen Fortschritt und Innovation ablehnt. Und Michael kommt immer mit der Botschaft, dass wir das vorantreiben und für unsere freiheitlichen Zwecke nutzen müssen. Wir müssen quasi die kritischen Steve Jobs sein, die voraussehen, was in fünf, in sechs Jahren kommt. Und die Werkzeuge für die Wege dorthin nutzen.

Ich kann nicht sagen, da steht eine Schaufel, aber ich lehne die ab, ich buddele mein Loch mit der Hand …

Querdenken hat die Werkzeuge, zum Beispiel diese Rekrutierungs-Software, die Michael für Großkonzerne entwickelt hatte, ja hervorragend genutzt. Und mit verschiedenen Endanwendungen und Formaten – für Großdemos, Aufzüge bis zu den Spaziergängen – flexibel eingesetzt. Und das lief dann schwarmartig so auseinander, dass die Polizei nichts mehr dagegen machen konnte …

Ralf Ludwig:

Dasselbe sehen wir jetzt im Internet und bei den alternativen Medien. Sie kommen mit dem Zensieren nicht mehr hinterher, deswegen kommen jetzt diese ganzen Social Media Gesetze und Kontrollversuche. Wenn ARD, ZDF, NBC, abc nur noch für Rentner relevant sind und der Rest der Bevölkerung seine Infos woanders holt, dann müssen wir das doch kontrollieren. Beziehungsweise, parallel zur Querdenken-Bewegung und den Montagsspaziergängen, jedem Spaziergänger hinterherlaufen. Aber das kann die Polizei nicht machen, weshalb dann so ein präsidialer Schwachsinn kommt: Der Spaziergang hat seine Unschuld verloren.

Michael Ballweg:

2020 war das Jahr, in dem die Menschen auf Großdemos zusammengeführt wurden, um sich zu verbinden. Also festzustellen, wir haben eine gleiche Idee und vernetzen uns dann dort vor Ort persönlich. Und 2021 dann schwärmen diese vernetzten Menschen aus. 2020 war bewusstseinstechnisch eine ganz wichtige Phase, weil uns allen bewusst geworden ist, dass hier etwas Größeres schiefläuft. Nicht nur das Corona-Problem. Viele waren ja, so wie ich auch, das erste Mal auf Demos oder haben Demos organisiert. Und haben dann praktisch gemerkt, wie die Presse reagiert, wie die Politik reagiert und nur draufhaut. Und haben praktisch gemerkt, okay, das Problem ist viel größer. Und haben begonnen, auch andere Dinge kritisch zu hinterfragen und sich Informationen darüber zu holen. Zum Beispiel über das Geldsystem.

Oder das Narrativ des 11. September zu hinterfragen oder die Kennedy-Morde oder das Treiben der CIA ...

Also der »Verschwörungsideologie« anheim zu fallen.

Genau. Was nichts andere heißt, als zu beginnen, selbst zu denken und sich auch über andere Themen kritisch zu informieren. 2021 haben die Leute begonnen, sich auf den eigenen Weg zu machen. Und wenn sie kamen und meinten: Micha, ich habe da eine Idee, die musst du umsetzen, sagte ich: Nein, du musst sie selbst umsetzen. Aber sag mir, was du brauchst, dann kann ich dich vielleicht unterstützen. Auf jeden Fall habe ich gemerkt, das verselbstständigt sich jetzt, und ich kann mich dann auf die Projekte fokussieren, die mir vorschweben. Ich habe da eine klare Vision: eine dezentrale Gesellschaft, wo die Menschen eigenverantwortlich und in Selbstbestimmung leben können. Wo wieder das gilt, was in den Landesverfassungen steht: das Subsidiaritätsprinzip. Entscheidungen werden von unten nach oben auf kommunaler Ebene getroffen und nicht von einem Super-EU-Staat. Und wo auch Kunst und Kultur frei agieren können, auch wenn die Künstler in der Corona-Krise meines Erachtens fast komplett versagt haben. Sie hatten ja da diese, wie hieß das, Alarmstufe Rot. Die haben quasi nur für Geld, für mehr Geld demonstriert, da sie nicht mehr auftreten konnten. Aber sie haben immerhin aufmerksam gemacht. Und es gab auch die großartige Videoserie »Alles Dichtmachen« rund um den Regisseur Dietrich Brüggemann, die schwere Kritik heraufbeschworen hat im Mainstream ...

Ralf Ludwig:

Ja. Aber der Brüggemann hat dann ein Mainstream-Interview gekriegt und Michael massiv kritisiert. Ist natürlich sein gutes Recht. Ich denke aber, dass viele Regisseure und Künstler eigentlich nur neidisch sind. Weil das, was Michael im August 2020 auf die Straße gebracht hat, ist die Inszenierung, die außer ihm keiner geschafft hat. Große Videoleinwände, Musiktürme, Vorträge, Konzerte, Kabarett – eine Inszenierung. Und Millionen Leute auf der Straße. Ich habe mich dabei immer gefragt: Was hätte Schlingensief gemacht? Den hätten wir gerne gehabt. Hätte er mitgemacht oder hätte er nicht mitgemacht? Die Inszenierung von Querdenken überall in Deutschland und auf den Großbühnen in Berlin, diese Orchestrierung und Inszenierung der Proteste hat jedenfalls gezeigt, was Kunst eigentlich kann. Auf dem Fahrwasser von Querdenken haben sich in viel kleinerem Rahmen dann auch ein paar Dutzend Künstler getraut. Die Großinzenierung aber kam von dem Nicht-Künstler Ballweg.

Michael Ballweg:

Ich fand die Aktion »Alles Dichtmachen«, die Brüggemann gestartet hatte, absolut super. Leider sind viele dann eingeknickt. Wahrscheinlich wegen der sozialen Fallhöhe, weil sie einfach Angst hatten. Und der Illusion unterlegen sind, wenn sie tun, was der Mainstream sagt, dann kriegen sie Reichweite und alles wird gut. Aus der Kulturszene waren nur Kilian Foster, der Chef der Dresdner Jazztage, und Nena unbeirrbar.

Ralf Ludwig:

Man kann ja verstehen, dass viele es einfach mit der Angst zu tun gekriegt haben – wenn ich beim Tatort nicht mehr mitmachen darf, ja, was mache ich da? Diese Angstmache hat ja überhaupt nur dazu geführt, dass die Menschen dann mitmarschiert sind. Wer diese Angst angenommen und übernommen hat, der konnte einfach nicht mehr aus seiner Haut und hat das alles akzeptiert … Ein wichtiger Punkt für die Stärke von Querdenken war: Die Demos waren immer Volksfeste. Es wurde gesungen, getanzt – Partystimmung. Die Leute durften ja nicht mehr raus, die Discos waren zu, Konzerte gab es nicht, außer bei Querdenken-Demos.

In Kassel im März war ja noch mal diese Großdemo, da haben die Medien dann kritisiert, dass die Menschen auf der Straße tanzen würden. Es kam ein Fernsehbericht, ich glaube, sogar in einer Tagesschau, und da wurde dann gesagt: Guckt euch das an, diese Querdenker, die stehen auf der Straße und tanzen. Es gab eine Ecke, da haben sie Techno getanzt und geraved, andere haben Paartanz gemacht, es gab eine Polonaise, es gab Musik und Tanz – und dann in den Großmedien der Vorwurf, dass diese gefährlichen, rechten, irren Verschwörungstheoretiker einfach auf die Straße gehen und tanzen.

Oder in den Wald spazieren. Hannah Arendt hat gesagt, die Totalität setzt sich durch die Vereinzelung durch. Querdenken hat gegen die erzwungene Vereinzelung auf wirkliche Gemeinschaft gesetzt.

Michael Ballweg:

Wir haben gesagt, wir machen auf den Demos all das, was die Regierung verbietet. Sie haben den Solidaritätsbegriff gekapert und gesagt: Solidarität ist Vereinzelung. Es gab da doch dieses Video der Bundesregierung: Echte Helden bleiben zu Hause. Echte Helden bleiben zu Hause, essen Chips und gucken Tatort. Dazu haben wir aber den schönen Gegenentwurf gemacht. Die einen haben gesagt, wir bleiben zu Hause und kriegen noch mehr Angst. Dagegen waren wir auf der Demo und haben Freude gehabt, und über die Freude verliert man ja auch die Angst. Das war in Kassel halt so schön. Restaurants und die Geschäfte waren ja geschlossen – und jetzt sind wir mit etwa 80 000 Menschen unterwegs in der Stadt – und auf einmal haben einige Cafébesitzer ihre Cafés aufgeschlossen. Ich habe da richtig Gänsehaut gekriegt, da haben sie die Caféhäuser einfach aufgemacht und die Leute saßen da bei Kaffee und Kuchen. Weil sie alle nicht mehr mitgemacht haben mit der Vereinzelung. Sondern: Wir machen nicht mehr mit! Zusammen sind wir stark. Wenn nur einer nicht mitmacht, dann haut man dem den Kopf ab, aber wenn alle nicht mitmachen, funktioniert es nicht mehr. Es kommt auf jeden Einzelnen an. Deshalb sind die Leute gekommen. Weil sie Gemeinschaft gespürt haben und erleben wollten und nicht wegen irgendeinem Starredner. Ich habe nie ein Programm publiziert und die Leute mit bekannten Namen gelockt. Mit Bobby Kennedy war zum Beispiel bis zur letzten Minute nicht klar, ob er kommt und reden wird.

Da war nichts angekündigt. Die Leute sind einfach gekommen, weil sie gesagt haben, mir ist es wichtig. Aus dem Herzen heraus. Weil sie die Gemeinschaft gespürt haben, weil sie die Stärke, die aus der Gemeinschaft entsteht, gespürt haben. Und weil sie natürlich auch gespürt haben, wir sind gerade irgendwie in so einer Zeitenwende.

Aber du hast dich 2022 dann eigentlich eher zurückgezogen.

Ja, 2022 war praktisch dann geprägt durch Rückzug, Reorganisation. Ich war in Costa Rica, drei oder vier Wochen, und hab versucht, wieder zu mir selbst zu finden. Das hat nicht geklappt. Ich bin auch da viel online gewesen und habe viel zu viel Zeit in Telegram und in der Organisation verbracht. Ich habe es nicht geschafft, mal den Absprung zu machen im Sinne von: Ich beame mich einfach raus aus dem Ganzen.

Das Universum hat den gewünschten Retreat dann aber etwas anders organisiert.

Genau. Als ich zurückgekommen bin, wollte ich eben noch mein Haus ausräumen, es war ja schon verkauft, die Scheidung war im Gange, Notarvertrag unterschrieben. Und mein Plan war: Ich habe kein Haus mehr, keine Firma mehr, aber noch genügend Geld. Ich gucke jetzt einfach mal, wo das Leben mich hintreibt. Und dann klingelt es am 29.6.2022 um 7 Uhr morgens, und 20 Uniformierte stehen vor der Tür und haben mir eröffnet, dass sie das Haus jetzt durchsuchen würden. Dass sie eine Vermögensarrestierung dabei haben über 1,4 Millionen, dass alle meine Konten und Firmen beschlagnahmt sind. Dann haben sie das Haus durchsucht, aber es war ja nicht mehr viel da, es hätte zwei Wochen später schon an den neuen Besitzer gehen sollen. Am Ende der Hausdurchsuchung wurde mir gesagt, dass sie mich jetzt mitnehmen würden. Ich habe das noch für einen Scherz gehalten und konnte es irgendwie gar nicht realisieren. Man darf ja nicht mehr selbst telefonieren bei so einer Hausdurchsuchung, da muss man dann von einem Beamtenhandy aus anrufen. Zum Glück konnte ich gleich Ralf Ludwig erreichen. Wir hatten in der letzten Zeit nicht oft telefoniert, aber an diesem Tag habe ich ihn sofort erreicht. Das Universum hat wieder gut auf mich aufgepasst bei diesem unerwarteten Retreat. Als ich jetzt verhaftet wurde, habe ich immer noch geglaubt, dass das ein Irrtum, ein Missverständnis sei und in einer Woche spätestens erledigt, denn ich hatte ja weder einen Betrug noch irgendwelche Geldwäschen begangen.

Ich hatte zwar immer damit gerechnet, dass das Finanzamt mir da mal eine 8 Wochen Prüfung aufs Auge drückt und mich da einfach beschäftigt und drangsaliert. Mit einer Hausdurchsuchung aber hatte ich nie gerechnet. Bei meinen Reden habe ich immer nur über die Grundrechte gesprochen, vom Duktus her absolut friedlich, medizinische Fragen habe ich anderen überlassen, weil es einfach nicht mein Thema ist. Ich habe mich als Moderator verstanden, der dann die entsprechenden Spezialisten zu Wort kommen lässt und den Debattenraum offenhält. Ich habe natürlich die IT-Unterstützung für das Ganze gemacht, in meinen Reden standen aber immer die Friedlichkeit im Vordergrund und das Thema Grundrechte. Und das sollte jetzt diese Hausdurchsuchung rechtfertigen?

Also, du bist gerade dabei, den Rückzug anzutreten, dein Haus zu verkaufen, deine Firmen runterzufahren und Querdenken nicht mehr zu organisieren, weil es selbsttätig läuft – und dann schlägt der Staat zu?

Genau.

Ralf Ludwig:

Wir haben natürlich eine juristische Risikoanalyse gemacht. Nicht nur ich, auch andere Kollegen waren daran beteiligt. Wir waren immer sicher, dass nichts passieren kann, Gefahr drohte aus unserer Sicht nur von der steuerlichen Seite. Und da wir ja wussten, wie viele Spenden Querdenken etwa eingenommen hatte, wussten wir, dass es in einem Rahmen war, der aus strafrechtlicher Sicht relativ irrelevant ist.

Selbst wenn sie gesagt hätten, alle Schenkungen, die du gekriegt hast, sind zu versteuern und du darfst die Kosten nicht dagegenrechnen, wären wir nicht über diese magische Grenze von einer Million gekommen. Okay, es kann passieren, dass sie dich vor Gericht bringen, es kann passieren, dass sie ermitteln, es kann alles passieren, aber in Gefahr, dass sie dich in Haft nehmen, bist du nicht, weil es aus unserer Sicht keinen dringenden Tatverdacht gibt. Und den, den sie dann konstruiert haben, mit dem hat keiner gerechnet. Dass sie auf die Idee kommen, ihm vorzuwerfen, dass er das Geld von Querdenken-Unterstützern bekommt und veruntreut oder für sich verwendet hätte, dass sie auf diese Idee verfallen, darauf sind wir nicht gekommen, weil das völlig absurd war. Denn jeder hat ja gesehen, was Querdenken alles auf die Beine gestellt hat. Und wir konnten ganz einfach zeigen, dass dafür mehr Geld ausgegeben wurde, als an Spenden reingekommen war. Die Konstruktion, auf die sie gekommen sind, war dann, er hätte das Geld nicht für die Zwecke von Querdenken ausgegeben.

Also Michael hat mehr Geld für Querdenken ausgegeben, als er an Spenden bekommen hat, wird aber wegen Betrugs an den Spendern verfolgt. Wie kann es da zu einem dringendem Tatverdacht, Haus-

durchsuchung, Haftbefehl und 9 Monaten Untersuchungshaft kommen?

Ralf Ludwig:

Wir sind hier jetzt im Reich der Spekulation und müssen verschiedene Hypothesen verfolgen. Hypothese 1: Eine junge Staatsanwältin, die Karriere machen, nach vorne kommen will, kriegt dieses Ding auf den Tisch. Sie hat keine Ahnung, wer Michael Ballweg ist, verfolgt eine normale Wirtschaftsstraftat, ein junger Richter, der auch Karriere machen will, unterschreibt den Durchsuchungsbeschluss – und als die Staatsanwältin ihn dann in seinem leeren Haus quasi auf gepackten Koffern vorfindet, denkt sie: Wenn der weg ist, krieg ich Probleme, und beantragt schnell einen Haftbefehl. Dann kommt das Ganze ins Rollen, und es wird erst hinterher politisch, als sie dann merken, wen sie da eigentlich haben mit Michael Ballweg. Und dann schalten sich im Hintergrund Leute ein und sagen, jetzt wollen wir mal wissen, was ist da bei Querdenken tatsächlich passiert, wie denkt der Ballweg, was macht der Ballweg, wie hat er das organisiert, was sind seine Stärken und so weiter ... Die andere Hypothese ist, sie wussten, was sie taten, und haben diese Staatsanwältin eingeschaltet, aber das ist Spekulation. Was wir aber sagen können, spätestens ab dem Moment, wo sie dann Michael in Haft hatten, wurde es ein politischer Fall.

Michael Ballweg:

Man muss sich mal vorstellen, was für eine solche Durchsuchung ausreicht. Sie hatten nur meine Kontoauszüge und haben dann gesagt, da wurden 5 000 Euro irgendwie wohin überwiesen, wir wissen nicht, wofür das ist, deshalb ist es Geldwäsche und Betrug und deshalb machen wir die Durchsuchung. 2021 sind ja die Geldwäscheregeln verändert worden, da gab es eine Geldwäscheanzeige, die lag auch ewig lange rum, bis sich irgendwann mal irgendjemand diese Akte genommen hat, und es kam Geschwindigkeit rein. Dann haben sie tatsächlich nur Kontoauszüge geholt und gesehen, wo Geld geflossen ist, dass das Geld auf verschiedene Konten transferiert worden war, was auch völlig normal ist, aber das hat für eine Hausdurchsuchung ausgereicht.

Und ganz wichtig: Es gab keine einzige Anzeige von irgendjemandem. Normalerweise darf die Staatsanwaltschaft wegen Geldwäsche natürlich ermitteln, dass sie das aber auf Betrug ausgeweitet haben, war willkürlich. Es gab keine einzige Anzeige, die Volksbank, bei der das Spendenkonto lief, hat im Nachhinein bestätigt, dass sich bei ihr nie jemand gemeldet oder beschwert hat. Es gab keinen, der gesagt hat, der Ballweg macht gar nicht das, was er gesagt hat, oder er macht illegale Geschäfte, schiebt die Kohle hin und her oder so etwas. Niemanden.

Aber dann steht plötzlich ein ganzer Trupp Polizei vor der Tür …

Ja. Ich hatte ein relativ großes Haus mit 500 Quadratmeter Fläche. 120 Quadratmeter davon waren Bürofläche und es gab eine kleine Einliegerwohnung. Sie kamen tatsächlich mit so einem Rammschild, weil sie wohl wussten, dass ich einen Hund habe. Dem haben sie zum Glück nichts gemacht, der musste in den Garten raus. Und ich habe gesagt, ja, ich bin bereit zu kooperieren, ich zeige ich zeige Ihnen alles usw. Ich selbst durfte ab dem Zeitpunkt dann nicht mehr selbstständig unterwegs sein im Haus, wurde dann immer begleitet von einem, auch zur Toilette. Irgendwann kamen noch mal die Staatsanwältin und ihr Vertreter. Alle sind mit Masken bei mir rumgelaufen, ich war maskenfrei, mein Attest haben sie einkassiert, obwohl das ja schon von der Staatsanwaltschaft geprüft war. Das Ganze hat etwa drei Stunden gedauert, sie haben auch meinen Tresor leergeräumt, Laptops, Computer, die ganze Technik mitgenommen, also alles, was nicht niet- und nagelfest war. Ich hatte das Haus schon weitgehend ausgeräumt, aber auch so eine Elektroschrottkiste mit alten Festplatten usw. haben sie mitgeschleppt. Und mit Freude inventarisiert.

Es lief alles ganz okay ab, war also nicht so überfallartig, wie es andere erlebt haben. Sie sind auch ordentlich mit dem Hund umgegangen, nur dann, so gegen halb eins etwa, wurde mir eröffnet: Sie müssen mitkommen! Davon war vorher keine Rede. Sie sind ja nicht mit einem Haftbefehl gekommen, sondern mit einem Durchsuchungsbeschluss. Den Haftbefehl haben sie dann offensichtlich aufgrund der Situation, die sie vorgefunden haben, schnell gemacht: Haus ist schon ausgeräumt, der will sicherlich verschwinden, Dr. Kimble auf der Flucht …

Dann haben sie mir Handschellen angelegt und mich erst mal auf die Polizeiwache in Stuttgart-Vaihingen gebracht. Da musste ich zwei Stunden in einem fensterlosen Raum auf dem Boden sitzen und wurde dann dem Haftrichter vorgeführt. Da war zum Glück schon ein Anwalt aus unseren Reihen da, der zu Ralf Ludwig beziehungsweise zu Dirk Sattelmeier und den »Anwälten für Aufklärung« Kontakt hatte. Mein Anwalt hat mir geraten, ich solle nichts sagen. Ich hätte auch nur sagen können, dass das alles absurd ist, was sie veranstalten. Hinterher haben wir herausgefunden, dass der Richter keine Zeit hatte zwischen Haftbefehl-Eröffnung und Haftbefehl-Verkündung, um alle Unterlagen zu prüfen, was eigentlich seine Aufgabe ist (!!). Aber jetzt wurde der Haftbefehl ungeprüft verkündet, und danach ging es direkt in die JVA Stammheim. Als sie mich zu Hause mitnahmen, wurde mir noch geraten, einen kleinen Koffer mit Klamotten mitzunehmen. Davon durfte ich dann in der JVA nichts verwenden, aber als ich rausgekommen bin, war es gut, dass ich den Koffer hatte, weil mein Haus ja weg war und ich gar nichts mehr hatte.

In der JVA muss man sich komplett entkleiden, wird dann dort aufgenommen. Ich habe später einen humorvollen Brief geschrieben, dass ich im »Kloster Stammheim« eingecheckt bin und dass ich ja immer schon eine Auszeit geplant hatte und die jetzt hier machen muss. Wenn man neu ankommt, versteht man, dass das letzte Hemd keine Taschen hat, man muss nämlich erst mal alles abgeben. Dann kam ich in so eine Beobachtungszelle mit Videokameraüberwachung. Einzelzelle mit kompletter 24-Stunden-Videobeobachtung, um zu vermeiden, dass sich jemand erhängt. Der Beamte war aber sehr nett, wie auch generell die Beamten immer sehr freundlich zu mir waren, ich wurde immer gut behandelt.

Diese Beobachtungszelle ist nicht gerade bequem, und die Zelle, wo ich später war, ist wie so ein billiges Etap-Hotel. Nur dass nicht alles aus Plastik ist, sondern stabil aus Metall und alles feuerfest, damit halt niemand was anfeuern kann. Von der Raumaufteilung hat man so eine kleine Toilette, ein Waschbecken, nur kaltes Wasser, dann ein 90 cm oder 80 cm breites Bett, was leider an der Wand ist, sodass man sich nicht in beide Richtungen strecken kann. Die Matratze ist sehr unbequem, die größte Beschwerde in Stammheim ist eigentlich, dass den Leuten dauernd die Schulter einschläft …

Wie lange warst du dann in der Beobachtungszelle?

Nur die erste Nacht. Sie haben schnell gemerkt, dass ich stabil bin. Ich habe gleich angefangen mit Meditieren. Ich habe dann eine Zeitung bekommen, konnte ein bisschen was lesen und habe beim Einchecken noch ein Päckchen Tabak gekauft. Die Stange Zigaretten, die ich eingepackt hatte, durfte ich nicht mitnehmen. Wenn man eincheckt, kann man entweder Tabak kaufen oder das Raucherentwöhnungsset, bestehend aus Schokolade und Kakao, glaube ich. Ich weiß nicht, was das zur Raucherentwöhnung beitragen soll, ist aber ganz lustig. Man darf auch Briefmarken kaufen, die ganz wichtig sind, damit man mit seinem Verteidiger kommunizieren kann. Das wusste ich nicht, aber da hat der Beamte mir dann zum Glück zwei Briefmarken gegeben, und so konnte ich meinem Pflichtverteidiger einen Brief schreiben. Ich habe dann gleich angefangen, die ersten zwei, drei Tage, diesen Haftbefehl auseinanderzunehmen, alles aufzuschreiben, was ich wozu sagen kann.

Vorgeworfen wurde mir Betrug in dem Sinne, dass ich die für Querdenken eingeworbenen Spenden für mich verwendet hätte. Das wurde festgemacht an so komischen Indizien, wie dass ich ein Wohnmobil hätte oder Buchungen auf meinen Konten gemacht hätte, die falsch gewesen wären. Und dass ich Kryptowährungen gekauft hätte, was ja nicht verboten ist. Nichts davon ist verboten. Und ich dachte: Das schicke ich meinem Pflichtverteidiger und in einer Woche ist das Ding gelaufen und ich bin hier raus.

Ralf Ludwig:

Die Staatsanwaltschaft rückt bei ihm an, um eine Hausdurchsuchung zu machen. Aufgrund von vagen Indizien auf Kontoauszügen. Und diese Indizien müssen sich erst mal verfestigen. Es war ja gar nicht vorgesehen, ihn in Haft zu nehmen. Für die Hausdurchsuchung hatten sie gesagt, zwischen dem, was er eingenommen hat und was wir ermitteln konnten anhand der wenigen Dokumente, die wir haben, und dem, was er ausgegeben hat, klafft eine Lücke. Das heißt, die hatten nichts in der Hand, gar nichts. Sie haben für den Haftbefehl einfach irgendwelche Zahlen zusammengeschrieben, die sie auch schon für die Hausdurchsuchung hatten. Der Haftbefehl ist eigentlich nichts anderes als der Durchsuchungsbeschluss, auf einen anderen Briefkopf gepackt. Dass das einen dringenden Tatverdacht hergibt, ist völlig absurd. Der Richter hat sich dann an einer Stelle auch mal verraten und sprach von einem »dringenden Anfangsverdacht«. Um zu ermitteln, brauchst du einen Anfangsverdacht. Um jemanden in Haft zu bringen, brauchst du einen dringenden Tatverdacht. Und dann nannte der Richter es selbst »dringender Anfangsverdacht«, und es war auch maximal ein Anfangsverdacht. Sie hatten ja keine genauen Kenntnisse. Ohne die Ergebnisse der Hausdurchsuchung zunächst zusammenzufassen, hätte man Michael eigentlich gar nicht in Haft nehmen dürfen.

Michael Ballweg:

Ein Hauptvorwurf war immer auch, dass ich Bargeld verwendet habe. Sie haben versucht, das Bargeld bei mir zu kriminalisieren. Weil ich Sorge hatte, dass meine Konten gesperrt werden oder mein Geld eingefroren wird, habe ich es immer wieder abgehoben. Sowohl von meinem privaten Konto wie auch vom Querdenkenkonto und von meinem Firmenkonto. Insgesamt habe ich etwa 800 000 Euro Bargeld abgehoben. 400 000 davon für Querdenken, um die Demos zu bezahlen. Und dann hatte ich ja die Stiftung gegründet, über die ich das Querdenken-Thema weitermachen wollte. Und die Staatsanwaltschaft behauptet einfach, das Geld, das ich für Querdenken abgehoben hatte, hätte ich praktisch für die Stiftung verwendet, und sprach von Betrug. In Wahrheit habe ich aber mein privates Geld für die Gründung der Stiftung verwendet.

Ralf Ludwig:

Die Schwierigkeit ist hier, dass Querdenken keine Organisation ist, sondern identisch mit Michael Ballweg. Querdenken ist eine Idee von Michael Ballweg und das Geld, das die Menschen Querdenken gespendet haben, ist logischerweise bei Michael angekommen. Bei ihm als Privatperson. Was die Staatsanwaltschaft kriminalisiert, ist, dass er als Privatperson darüber entscheidet, wo dieses Geld gelagert wird und was damit geschieht. Es ging noch gar nicht darum, ob das Geld ausgegeben war oder nicht, sondern es ging darum, dass Michael gesagt hat, okay, ihr zahlt das auf Konto eins ein und ich packe jetzt ein Teil davon auf ein Bitcoin-Konto, einen Teil davon auf ein anderes Konto, einen Teil davon meinetwegen auf ein Tagegeld-Konto usw. Aus diesen Transfers auf seine eigenen verschiedenen Konten haben sie einen Betrug konstruiert. Völlig substanzlos, man muss es ganz deutlich sagen, substanzloser Müll. Und daraus wurde dann ein dringender Tatverdacht gezimmert, den es nie gegeben hat.

Mehr als eine Vermutung, dass Michael hier irgendwie was Illegales macht, gab es nie, und das darf niemals ausreichen, um jemanden in Haft zu nehmen. Der Amtsrichter hatte, wie gesagt, vor der Haftbefehlsverkündung keine Zeit, die Sachen überhaupt zu lesen, er hatte auch keine Akte, er hatte nur den Haftbefehl und den dann einfach durchgewunken. Aber irgendwelche substanziellen Dinge standen da nicht drin.

Nach der einen Nacht in der Beobachtungszelle musste ich dann erst mal zwei Wochen in Quarantäne. Meine einzigen zwei Coronatests habe ich in der JVA gemacht, beim Einchecken und noch mal einige Tage später. Zwei Wochen lang kriegst du dann dein Essen in die Zelle geschoben (das ist immer so und nach der Quarantäne auch nicht anders) und darfst pro Tag eine Stunde in den Einzelhof (in Quarantäne darf man nicht mit anderen raus). Vergitterter Einzelhof – wir sind hier im Hochsicherheitsbereich von Stammheim – etwa 10 Quadratmeter, auf denen du dann im Kreis laufen darfst. Ich hatte ja noch ein Päckchen Tabak, aber mich eigentlich beim Ankommen schon entschlossen, ich höre jetzt auf mit Rauchen. Und zum Ausgleich mache ich Sport, was im Nachhinein auch sehr gut war.

Im Knast darf man übrigens einkaufen, aber nur für maximal 250 Euro im Monat. Die kannst du dann entweder für Lebensmittel oder für Tabak verwenden.

Die ersten zwei Wochen sind natürlich die härtesten, denn du kennst die Abläufe noch nicht, es ist alles neu für dich und du hast praktisch in deinem Haftraum gar nichts Persönliches. An der Zellenwand gab es so ein kleines Radio in der Wand, da konntest du Nachrichten hören. Gegen Geld kann man einen Fernseher beantragen, aber darauf habe ich dankend verzichtet. Ich habe auch schon vorher keine GEZ-Gebühren gezahlt und im Gefängnis wollte ich damit auch nicht anfangen ...

Ansonsten kann man sich das so vorstellen wie die Gefängnisse, die man aus amerikanischen Serien kennt, es gibt diese langen Gänge und rechts und links die Zellentüren. Stammheim ist ein Hochsicherheitsgefängnis, hier wird besonders viel Wert auf Separation gelegt. Das heißt, es gibt dann zwischen den Trakten noch große Elektrotüren, die gesichert sind, und auch vorne welche im Eingangsbereich, wo die Vollzugsbeamten sitzen. Sie mögen das Wort Wärter nicht, weil sie sagen, sie sind ja nicht im Zoo. Aber es gibt auch so einen geflügelten Spruch der Gefangenen zu den Vollzugsbeamten: Wir kommen hier irgendwann raus, aber ihr habt lebenslänglich!

Auf dem Gang gibt es ein Telefon, wie man es aus dem Kino kennt, aber dafür muss man erst einmal eine Telefonkarte beantragen. Die kostet Geld, aber die 300 Euro, die man mir nicht beschlagnahmt hatte und die ich ja noch hatte, waren da hilfreich. Ich konnte mir einen Kühlschrank bestellen für meinen Haftraum, dass allerdings erst später. Was ich früher hätte bestellen sollen, wäre ein Ventilator gewesen, denn der Haftraum hat praktisch kein Fenster. Das heißt, das Fenster ist mit einem Gitter versehen, das nur ganz kleine, punktgroße Öffnungen hat. Und da steht natürlich die Luft. Und dann hat man im Sommer auch nachts noch 29 Grad, was sehr unangenehm ist. Zum Glück gibt es richtig kaltes Wasser, und man kann sich mit nassen Handtüchern und Umschlägen weiterhelfen.

Aufgrund der Corona-Maßnahmen waren alle Möglichkeiten, die man sonst in der Untersuchungshaft hat, gestrichen. Keine Lerngruppen, keine Sportgruppen, nur pro Woche eine halbe Stunde Kirche, die war schon wieder zugelassen.

Es gab also praktisch gar nichts, man ist einfach nur 23 Stunden eingesperrt mit sich allein. Mein Vorteil war dann, dass Beamte einfach bequem sind und ich schon in der ersten Woche 400 Briefe bekommen habe. Man weiß ja, dass Knäste voller Drogen sind und dass die Beamten eigentlich die Aufgabe haben, die Post ganz genau zu kontrollieren, weil Drogen über den Postweg reinkommen. Nicht Koks, sondern vor allem synthetische Drogen, die auf Papier gesprüht werden. Und teilweise schon wirken, so wurde mir erzählt, wenn man das Papier nur anfasst – weshalb die Vollzugsbeamte oft etwas orientierungslos unterwegs sind ...

Weil ich so viel Post bekam, sagte der Gefängnisdirektor zu mir, dass ich die Post selber sortieren kann. Sie setzten mich da in so einen kleinen Raum für die Sozialarbeiter. Das habe ich dann vorbildlich gemacht, und irgendwann hieß es dann: Herr Ballweg, Sie müssen jetzt nicht mehr in einen separaten Raum, Sie kriegen so viel Post, die dürfen Sie jetzt im Haftraum sortieren.

Nachdem man gecheckt hatte, dass du kein Drogie bist und keinen Stoff zugeschickt bekommst, hat man dir die Post direkt angeliefert ...

Es ist tatsächlich so, dass man mit der Invollzugsetzung des Haftbefehls die Information vom Gericht bekommt, dass ab sofort alle Kommunikation überwacht wird. Die Stelle, die die Kommunikation überwacht, ist immer die Herrin des Verfahrens, im Ermittlungsverfahren ist das die Staatsanwaltschaft. Das heißt, jeder Brief, den man versendet, und jeder Brief, den man bekommt, wird von der Staatsanwaltschaft geöffnet, geprüft und dann entweder beschlagnahmt oder weitergegeben. Die Justizbeamten vor Ort, die machen dann nur die Kontrolle auf Drogen. Also man muss jeden Brief, den man rausschickt, in ein blaues Kuvert packen, der geht dann zunächst in die Staatsanwaltschaft und von dort wird er dann eben weiterversendet. Ich selbst habe ja so ungefähr fünf bis zehn Briefe pro Tag geschrieben, hatte immer einen Stapel blauer Kuverts. Deshalb war es auch wichtig, dass ich von außen Briefmarken bekommen habe. Wenn man jemanden unterstützen will, der in Haft ist, dann kann man ihm oder ihr gerne Briefmarken schicken. Da ist immer Mangel.

Wenn man einen Brief versendet, dauert es ungefähr 14 Tage, bis er beim Empfänger ankommt. Und das Gleiche passiert auf dem Weg in die JVA hinein. Dort gehen zunächst alle Briefe erst an die Staatsanwaltschaft. Ich habe scherzhaft schon mal gesagt, die Staatsanwaltschaft wird nach meiner Entlassung die vielen lieben Worte und die viele tolle Post und die wertvollen Informationen, die man alle querlesen durfte, vermissen. Die Staatsanwaltschaft liest und prüft dann eben auch, ob das, was mir gesendet wird, «erlaubt« ist. Am Beispiel von Professor Bauer, der mir eine Karikatur geschickt hat, und auch bei anderen wurden dann sogar Strafverfahren eingeleitet. Das heißt, hier wurden von der Staatsanwaltschaft sehr restriktiv bzw. sehr willkürlich Briefe beschlagnahmt. Ich weiß auch nicht, ob ich alles je bekommen habe. Ich hatte immer wieder mal das Gefühl, dass mir auch Briefe einfach fehlen

So habe ich auch Bücher bekommen, die normalerweise nur über den Buchhandel oder über die offiziellen Wege reingeschickt werden müssen. In den ersten Wochen habe ich mich auch aus der Bibliothek bedient, die relativ gut sortiert ist. Da habe ich zum Beispiel die Rudi Dutschke Biografie gefunden und die alten Bücher von Rudolf Steiner. Und auch ein Yoga-Buch. Erst nach eineinhalb Wochen in der JVA konnte ich dann das erste Mal mit meinem Anwalt telefonieren.

Das Recht hat man doch eigentlich jederzeit.

Man hat die Rechte vielleicht, aber sie werden einem nicht sofort gewährt. Erst einmal muss man eine Telefonkarte beantragen. Im Gefängnis geht alles ganz langsam. Da lernt man Geduld. In den ersten zwei Wochen Quarantäne durfte mich sowieso kein Anwalt besuchen. Mein Pflichtverteidiger durfte erst nach drei Wochen das erste Mal rein, weil sie dem irgendwie erzählt haben, es würde nicht gehen. Der andere Anwalt, Alexander Christ, war dann eine

Woche vorher schon da. Aber es war am Anfang alles sehr undurchsichtig und schwierig.

Ich habe die Zeit genutzt, um zu lesen. Orwells 1984 hatte ich gefunden in der Bibliothek und ein Buch über das Milgram-Experiment. Mir hat dieser Hintergrund gefehlt mit diesen ganzen kritischen Büchern. Ich hatte daheim zwar auch 10 Meter Bücherregal, aber nur vielleicht 5 Prozent davon gelesen, denn man kann sich ja immer gut ablenken mit anderen Sachen. Jetzt habe ich richtig gelesen, studiert sozusagen.

Und Sport und Bewegung immer nur allein auf dem Mini-Hof, in Isolation?

Immer nur allein im Haftraum oder auf dem Hof. Wurde aber auf dem großen Hof, so ein halbes Fußballfeld, nicht besser. Die ersten sechs Wochen war ich isoliert, das war wahrscheinlich mir selbst geschuldet, wenn ich durchsetzungsstärker gewesen wäre, hätte ich das schon eher haben können. Aber ich dachte ja immer, es dauert hier sowieso nicht lang, warum soll ich jetzt Stress machen, ist eh bald vorbei. Dazu kam: Man ist ja das erste Mal im Gefängnis und weiß nicht, was sind das für Leute, die anderen Gefangenen, verprügeln die den Oberquerdenker, wirkt die Propaganda aus dem Fernsehen?

Was ich da erlebt habe im Gefängnis, ist schon krass: Alle da wissen eigentlich, dass das System irgendwie ungerecht ist und etwas nicht stimmt, aber gucken den ganzen Tag Fernsehen und sind dann durch die Propaganda doch ziemlich eingenordet. Was aber in der Corona-Zeit passiert ist, hat keiner ernst genommen. Weil da stecken ja zehn Leute in einer Haftzelle, und es interessiert einfach keinen, ob es da Infektionen gibt. Und am Ende sollen Maske und Impfung helfen? Viele gucken den ganzen Tag

Fernsehen, weil sie mit ihren eigenen Gedanken nicht zurechtkommen, sie vielleicht nicht ertragen. Man weiß ja nicht, was sie getan haben. Aber Schuldgefühle wirken natürlich schwer und es gibt nichts, was man tun kann. Man kriegt auch nur Zettel, Stift und Papier zur Verteidigung. Und wenn man seine Akten sehen will, wird man in einen separaten Raum geführt, wo dann ein Laptop steht, der aber gar nichts kann, nicht mal Excel ...

Die Waffenungleichheit ist maximal, die Staatsmacht kann alles, und man selbst hat gar nichts mehr, nicht mal einen Taschenrechner. Ich habe dann auf Antrag nach zwei Monaten einen Taschenrechner bekommen, nachdem ich immer wieder gesagt habe, ich kann doch meine ganzen Zahlen nicht dauernd im Kopf rechnen ...Eigentlich habe ich einen Computer beantragt, da hieß es immer, es gibt keine Computer, so etwas muss ich über das Gericht beantragen. Viermal pro Woche kann man duschen, Montag, Dienstag, Donnerstag, Freitag, und da ich auf diesem Isolationsstockwerk war, konnte ich allein duschen, was, mir ehrlich gesagt, ganz recht war. Ich habe mich mit den Beamten gutgestellt, hatte ein gutes Verhältnis und das Gefühl, dass 50 Prozent der Beamten auf meiner Seite waren und irgendwie Sympathie für mich hatten.

Sie wussten, wer ich bin, oder wussten, was mir vorgeworfen wird. Es ist für die Vollzugsbeamten ein schlimmes Arbeitsumfeld, sie sind kaum besser dran als die Gefangenen. Die Vollzugsbeamten waren immer froh, wenn sie mir das Essen brachten: »Endlich mal jemand Normales« ... Ich hatte meinen Haftraum schön dekoriert, mit allen Postkarten und Herzen und der positiven Energie, die mir geschickt worden war. Die Beamten erzählten, dass sich die Gefangenen in den letzten Jahrzehnten geändert haben und jetzt viele psychisch Gestörte im Gefängnis landen, die eigentlich in die Psychiatrie gehören. Weil sie den ganzen Tag schreien oder sonst wie Alarm machen und eher einen Arzt brauchen als eine Zelle.

Nach sechs Wochen gab es dann den ersten Haftprüfungstermin, wie ist das gelaufen?

Zum einen war da die erste große Demonstration vor der JVA. Ich selbst habe wenig davon mitbekommen, weil ich abgeschirmt war. Als Gefangener wird man in einem Justizfahrzeug in das Oberlandesgericht direkt neben der JVA gefahren. Da sitzt man, Hände gefesselt, Füße gefesselt, in einem kleinen Käfig und wird dann unterirdisch in einen Raum ohne Fenster geführt, wo man auf seine Vorführung wartet. Mit dem Anwalt kann man nur über eine Gegensprechanlage reden, das Ganze ist ja für Gewaltverbrecher, Terroristen gebaut, keine Ahnung, die Art des Verbrechens entscheidet nicht über die Art der Verhandlung: one size fits all.

Ralf Ludwig:

Wobei man hier noch sagen muss: Die Haftprüfung macht der Amtsrichter, der auch die Untersuchungshaft angeordnet hat. Normalerweise würde die Haftprüfung in den Räumen des Amtsgerichts stattfinden. Hier war bei der ersten Haftprüfung halt entschieden worden, dass es in den Räumen des Oberlandesgerichts stattfindet, das damals gebaut wurde für die Terroristenprozesse. Ich war jetzt noch nicht Michaels Verteidiger und weiß nicht, warum die Entscheidung so getroffen wurde.

Michael Ballweg:

Der Termin dauerte jedenfalls sechs Stunden. Alles, was ich aufgeschrieben hatte, habe ich vorgetragen, vor allem zu dem Punkt, warum ich von drei Konten Geld abgehoben hatte. Ich dachte, das wäre der Hauptpunkt mit dem Bargeld und mit der Geldwäsche. Es gab dann immer wieder mal Pausen, und die Anwälte waren eigentlich ganz optimistisch, dass es gut für mich ausgeht. Ab irgendeinem Zeitpunkt hat sich das irgendwie komplett gedreht. Ich weiß nicht, warum. Der Richter wurde dann sehr unfreundlich und hat irgendwann gesagt, jetzt ist Schluss, es dauert jetzt eine Woche mit der Entscheidung. Ich hatte außer dem Bargeld auch noch den weiteren Punkt, dass die Staatsanwaltschaft keinen einzigen der 9500 Spender befragt hatte und einfach pauschal sagt, ich hätte sie betrogen. Und der Richter meinte dazu nur: Auf diese Zeugen kommt es nicht an. Das war dann für mich der erste Schock ...

Das muss man ja auch erst mal sacken lassen: Du sitzt wegen Betrugs in Haft, aber die angeblich Betrogenen haben weder Anzeige erstattet, noch wurden sie als Zeugen befragt. Und der Richter sagt, das ist irrelevant ...

Ralf Ludwig:

Ich war draußen bei der Demo und bei der Verhandlung nicht dabei, aber natürlich im Hintergrund schon.

Wir hatten drei wesentliche Argumente. Das erste Argument, das wir vorgetragen haben: Es ist mehr Geld ausgegeben worden, als eingenommen worden ist. Also kann hier kein Betrug vorliegen. Das zweite Argument war: Wir haben als Anwälte eine Liste von tausend Menschen vorgelegt, die sagen: Das Geld haben wir Michael gespendet oder geschenkt, nicht für irgendwelche Zwecke. Die haben wir als Zeugen angeboten, die der Richter aber nicht hören wollte. Und der dritte Punkt war, dass wir gesagt haben, Michael hat ja einen festen Wohnsitz, auch wenn er aus seinem Haus auszieht, das er verkauft hat, nämlich bei seiner damaligen Freundin. Die haben wir auch als Zeugin angeboten, mit der Aussage: Es war von vornherein geplant, dass er zu mir zieht, wenn er in Stuttgart auszieht. Er ist dann auch während der Haft dort angemeldet worden.

Das waren drei gewichtige Punkte, doch die Zeugen und Beweise dafür wollte der Richter nicht hören. Sondern er hat gesagt: Natürlich werden die Zeugen jetzt im Sinne von Michael Ballweg aussagen, aber so können sie es nicht gemeint haben. Selbst wenn sie jetzt sagen, sie haben ihm das Geld zur freien Verwendung gegeben, dann meinen die das nicht so. Sie sagen es zwar, aber sie meinen es nicht. Deswegen muss ich die gar nicht hören, denn ich weiß es eh schon: Entweder sie sagen, wir haben es für Querdenken-Zwecke gegeben, oder sie sagen, wir haben es Michael Ballweg geschenkt, deswegen höre ich die nicht an. Diese absolut krude Begründung war dann der Punkt, an dem ich mich entschieden habe, doch in das Verfahren einzusteigen.

Und Michael kommt zurück nach Stammheim, in den Isolationstrakt.

Michael Ballweg:

Ja. Ich habe dann einen Antrag gestellt, dass ich auf den normalen Hof mit drauf darf, und eine Woche später konnte ich dann auf den normalen Hof mit den anderen Gefangenen. Es gab viele

Querdenker dort, es gab eine große Sympathie für mich, also meine Bedenken, was da auf mich zukommt, waren sofort zerschlagen. Alle ganz freundlich, ich habe viele Dinge erlebt, die ich nicht für möglich gehalten hätte. Was das für Leute im Gefängnis sind ...

In Stammheim sind nur Untersuchungshäftlinge?

Ja, viele. Aber auch welche, die schon verurteilt sind und auf ihre Revision warten. Ich habe viel Schach gespielt mit einem verurteilten Mörder, der aber in Revision war und das Urteil angefochten hat. Oder auch mit einem ausländischen Mitbürger, der ein Mädchen umgebracht hatte. Aber 70 % der Insassen, würde ich mal grob sagen, waren Drogendealer. Ganz wenig Wirtschaftsverbrechen und dazu noch Körperverletzungen und Gewaltverbrechen. Ich habe mich mit allen gut verstanden, also besonders mit einem aus Eritrea, der irgendwie immer total gut drauf war, er hatte auch schon Eckart Tolle gelesen, war aber schon zum zweiten Mal im Gefängnis. Er hat erzählt, früher wäre der Zusammenhalt im Gefängnis besser gewesen, ohne Fernsehen. Der Fernseher, den man beantragen kann, würde die Leute verblöden. Früher hätte man noch gemeinsam mehr Dinge im Gefängnis erreichen können. Anhand seiner Geschichte bin ich aus der nächsten Illusion aufgewacht, die uns verkauft wird, dass ja alle in Deutschland super integriert werden. Er war aus Eritrea, in Deutschland geboren, war mit 15 kriminell geworden, weil er Drogen verkaufte, hat dadurch keine Arbeitserlaubnis bekommen, er war jetzt 40 und hat weiter gedealt oder anderweitig über Wasser zu bleiben versucht. Solche Fälle gab es viele. Auch Menschen, die irgendwie eine Flasche Schnaps geklaut hatten und dann sechs Monate in U-Haft waren, weil sie keinen festen Wohnsitz hatten. Dann waren da Rentner, die einfach an Altersarmut gelitten haben und schwarz Bus gefahren sind, irgendeine Kleinigkeit, ohne Maske im Bus, und die dann wegen Widerstand gegen die Staatsgewalt da waren. Oder sogar solche, die gesagt haben, ich gehe freiwillig ins Gefängnis, ich will meine Schulden nicht bezahlen. Dann habe ich einen Kameramann kennengelernt, der an dem Film »Pandemned« von Marijn Poels mitgearbeitet hat, dem haben sie wie mir Betrug vorgeworfen. Er hat auch vermutet, dass es mit seinen politischen Aktivitäten zu tun hat.

Ich habe einen Goldhändler getroffen, der hat Gold aus Liechtenstein nach Deutschland transportiert, aber über Österreich, dem Schmuggel vorgeworfen wurde, und einen Banker, der angeblich betrogen haben und als Immobilienverwalter Insolvenzverschleppung gemacht haben soll. Also es war alles dabei. Ich habe viel Schach gespielt, oft mit einem Kurden, der eine Tankstelle überfallen haben soll.

Auf dem Hof waren fast alle der Meinung, dass Corona keine gefährliche Krankheit mehr ist. Mitte 2021 hatte es eine Impfaktion im Gefängnis gegeben. Da hatte man den Gefangenen versprochen, wenn sie sich impfen lassen, dann gibt es mehr, gibt es wieder Normalität im Sinne von man darf wieder Sport machen, man darf wieder Gruppen bilden, man darf sich wieder umschließen lassen zu anderen Gefangenen usw. Und nichts davon ist passiert. So hatten die Gefangenen dann auch schon die Willkür und Beliebigkeit der Maßnahmen verstanden.

Ich hab dann auch von der großen Kreativität in Bezug auf die Corona-Maßnahmen erfahren, zum Beispiel wie man Drogen-Taxiringe aufgebaut hat, weil die Kunden wegen Pandemie nicht mehr zum Dealer kommen konnten. Es gab aber auch ein paar Leute, mit denen ich mich nicht mehr unterhalten habe, der Typ: Ich jammere immer dem anderen stundenlang die Ohren voll und erzähle, wie schlecht alles ist und wie willkürlich die Justiz. Da war man dann zwei oder drei Stunden nach dem Hofgang damit beschäftigt, sich moralisch wiederaufzubauen. Ich hatte viele Meditationsbücher und dann angefangen, sie auch mal auf dem Hof zu tauschen – darf man offiziell nicht, aber geht natürlich trotzdem. Da hat sich so eine kleine spirituelle Gruppe entwickelt, die einfach gesagt hat, wir nutzen diese Auszeit mal, um uns weiterzuentwickeln. Wir jammern uns nicht gegenseitig immer die Ohren voll, wie schlimm doch das Leben ist und wie böse die Staatsanwälte und die Richter sind, sondern gehen einfach mit einem anderen Blick ran.

»Kloster Stammheim« hast du ja deinen ersten Tagebucheintrag überschrieben. Und die Zeit genutzt, zu meditieren, zu lesen, zu lernen, innerlich Stärke aufzubauen und nach vorne zu schauen. Also »ora et labora« (bete und arbeite!), fast wie in einem richtigen Kloster.

Genau. Ich war aber nie beim Gottesdienst, weil der war immer sonntagmorgens um sieben, dauerte nur 20 Minuten, und man musste auch getrennt sitzen. Und teilweise war noch Maskenpflicht. Generell waren die Corona-Maßnahmen im Gefängnis noch vollkommen intakt, obwohl es draußen schon gar keine Maßnahmen mehr gab. Weil der Gefängnisdirektor gesagt hat, das ist hier eingestuft wie eine Klinik, wie ein Krankenhaus. Mich hat man zum Glück damit in Ruhe gelassen. Man konnte einen CD-Player beantragen und zugeschickte CDs hören – da hatte ich dann in meiner Zelle wunderbare Hörbücher und Meditationen.

Rückblickend klingt das, als hätte dir diese Zeit im Gefängnis sehr viel gebracht.

Ja. Aber in der Situation selbst ist es natürlich immer schwierig, dies so anzunehmen. Ich will es nicht schönreden, es war für mich auch eine Entwicklung. Es war immer auch ein Auf und Ab vor jeder Haftprüfung. Natürlich ist man nicht gerne im Gefängnis, aber am wenigsten wehgetan hat es dann, wenn ich es vollkommen akzeptiert habe. Ich wusste ja nicht, wie lange das alles dauert, ein halbes Jahr, ein Jahr, zwei Jahre? Also es gibt in Stammheim Leute, die sind schon zwei Jahre in U-Haft. Das sind keine Einzelfälle, da herrscht viel Willkür.

Weil draußen Demos waren und ich so bekannt war, auch über das Fernsehen, habe ich festgestellt, auch im Gefängnis gibt es Hierarchie-Denken. Man hat mich da sehr akzeptiert und ich hatte nie das Problem, dass irgendjemand mich verprügeln wollte. Ich hatte eher so das Gefühl, jeder war interessiert, sich mit mir gutzustellen. Sie waren alle ganz beeindruckt, dass so viele Menschen für mich demonstrieren. Alle drei, vier Wochen war ja eine große Demonstration, auch eine Menschenkette komplett um die JVA.

Da wurde ich dann morgens geweckt von einem Gefängnisbeamten. Das nennt sich Lebendkontrolle, es wird einfach geguckt, ob man noch am Leben ist. Und der hat mich dann begrüßt mit den Worten: Herr Ballweg, geile Demo gestern, ich war dabei. So was gab es, was dann natürlich sehr motivierend war. Und ich einfach gemerkt habe: Diese 20 Prozent, die wir auf der Straße waren oder die wir in der Gesellschaft sind, die ziehen sich natürlich auch durch den Beamtenapparat. Und das hat mir dann auch immer wieder Mut gemacht …

Du warst zwar im Knast, aber du warst nicht allein.

Genau, ich war nicht allein und man hat sich auch dort ausgetauscht. Und dann ist Ralf eingestiegen als Verteidiger, da war ich erst mal glücklich drüber, weil natürlich der Pflichtverteidiger einfach nur ein Pflichtverteidiger ist, der kriegt ganz wenig Geld und verwaltet einfach.

Ohne Moos nichts los, ohne (Vor-)Schuss kein Jus.

Weil mein ganzes Geld eingefroren war, hätte ich mir ja gar keinen Anwalt leisten können. Zum Glück haben viele Menschen mich dann unterstützt, und Ralf hat auch den Großteil ehrenamtlich übernommen. Was wir bei Querdenken gemacht haben, rechtlich immer durch alle Instanzen zu gehen, das haben wir eben auch im Gefängnis gemacht. Das heißt, ich mache diese Haftprüfung, und dann kann ich beim Landgericht und beim Oberlandesgericht mit einer Haftbeschwerde dagegen vorgehen.

Ralf Ludwig:

Ich bin, wie gesagt, nach dem ersten Haftprüfungstermin eingestiegen.

Wir Anwälte saßen dann zusammen und haben gesagt, dieser Haftbefehl ist absurd. Wir müssen eigentlich nur die Belege, die wir haben, vorbringen und einreichen, und dann löst sich das in Luft auf. Davon sind wir zu dem Zeitpunkt noch ausgegangen. Wir hatten sehr viele Kollegen, die den Haftbefehl sich auch angeschaut und analysiert haben, und es war kein einziger dabei, der gesagt hat, das hält. Wir waren zuversichtlich, dass Michael beim ersten Haftprüfungstermin am 15.8. rausmarschiert und wir ihn mit der Demonstration draußen in Empfang nehmen können.

Was dann aber nicht geschah.

Meine Hypothese ist, dass es in dem Moment politisch geworden war. Man hatte Michael in Haft und konnte ihn im Prinzip nicht mehr rauslassen, weil er zu bekannt war und es für den Staat natürlich ein Gesichtsverlust par excellence gewesen wäre, ihn da wieder rauszulassen. Wir haben die Gerichte dann ziemlich gestriezt, mit Schriftsätzen und sämtlichen Belegen, mit allen Dingen, die man machen kann. Innerhalb der Verteidigergruppe gab es durchaus Diskussionen darüber, es gab Kollegen, die meinten, so macht man das nicht, man muss defensiv sein und demütig ertragen, was da passiert, weil es ohnehin alles Willkür ist. Das waren eher so die alten Hasen, die das gesagt haben. Aber Michael hat die Entscheidung getroffen: Das will ich nicht, wir fechten das hier bis zur letzten Instanz durch. Wir wollen die Absurdität auch dokumentiert haben. Wir haben dann jeden Tag außer am Wochenende miteinander kommuniziert. Wir konnten praktisch morgens telefonieren und haben uns da abgestimmt, was er vorbereiten kann, und am Nachmittag konnten wir dann man noch mal skypen.

Musstest du dafür in einen anderen Raum?

Michael Ballweg:

Ja, man wird in einen Besuchsbereich geführt und dort gibt es dann Tablets, die es früher nicht gab, von daher war Corona ein

Segen für mich und den Anwalt auch, früher hätte der Verteidiger jeden Tag hinfahren müssen, also Ralf sich einquartieren müssen neben der JVA. Jetzt konnten wir skypen.

Ralf Ludwig:

Es geht hier um den Vorwurf einer Wirtschaftsstraftat, wo die Staatsanwaltschaft mit insgesamt zwölf Leuten, glaube ich, beteiligt war. Und Michael sitzt im Gefängnis und hat nur Papier und Bleistift.

Jetzt über Skype konnten wir zumindest miteinander die Dinge klären, die Akten besprechen und so weiter. Also wer nicht das Glück hat wie Michael, quasi einer Bewegung anzuhören, wo Anwälte sind, die sich um einen kümmern, viele Anwälte, die es weitestgehend pro bono machen oder für Auslagenersatz und die so intensiv an den Sachen arbeiten wie bei Michael – dann hat der im Prinzip keine Chance.

Selbst dieser Banker, der dort in Untersuchungshaft war und sicherlich nicht arm war, hat irgendwann akzeptiert, was die Justiz von ihm verlangt hat, nur um wieder rauszukommen. Das heißt also, er wusste ganz genau, ich kann nichts machen in diesem System. Der Staat greift in einer Form in dein Leben ein und nimmt dir die Möglichkeiten, dich zu verteidigen. Das ist für die eine rein formale Geschichte. Rechtsstaatlichkeit erweist sich nicht in der Frage, ob Michael ein Betrüger ist oder nicht, sondern Rechtsstaatlichkeit erweist sich in der Frage, ob er die gleichen Möglichkeiten hat, sich zu verteidigen wie der Staat, der ihm diese Vorwürfe macht. Zudem ist sein gesamtes Vermögen eingefroren worden, das heißt, er hat rein formal keine Möglichkeit, sich angemessen zu verteidigen.

So wie Julian Assange, der in der Haft ja auch keinen Computer bekommt.

Genau, Julian Assange ist nicht verurteilt. Es wird auch bei ihm alles rein formal gemacht. Es wird rein formal jemand mehr oder weniger aus dem Leben gezogen, der unliebsam ist, und der hat überhaupt keine Chance. Michael hatte das Glück, dass a) die Bewegung ihm finanzielle Mittel zur Verfügung gestellt hat und b) viele Anwälte und auch andere Experten für ihn da waren.

Wenn man das jetzt wirtschaftlich ausrechnen würde: Also der Kachelmann zum Beispiel war knapp vier Monate in Haft, glaube ich, und dann gab es das Verfahren, das ihn insgesamt etwas mehr als eine halbe Million Euro gekostet hat. Und das Geld hat er ja nicht wiedergekriegt. Es ist ja nicht so, dass der Staat ihm das bezahlt. Der Pflichtverteidiger von Kachelmann hätte so etwas wie 5 000 Euro abrechnen können beim Staat. Das heißt, Kachelmann hat ein Vermögen dadurch verloren, dass er eine halbwegs vernünftige Verteidigung organisiert hat, und auch diese Verteidigung war nicht großartig dimensioniert. Wenn man das, was Michael an Verteidigung hatte, tatsächlich wirtschaftlich umrechnen würde, dann hätte er sicherlich 1,2 Millionen, das heißt also mehr oder weniger das, was man an Vermögen arrestiert hat, an die Verteidiger zahlen können, ohne es jemals wiederzukriegen. Und damit wären wir noch nicht beim Hauptverfahren, sondern erst mal nur bei der U-Haft.

Man kann sich vorstellen, dass viele Menschen im Gefängnis genau diese Situation vergegenwärtigen und dann einfach sagen, okay, ich gebe auf, macht mir irgendeinen Deal, erzählt mir, was ich unterschreiben muss, um hier wieder rauszukommen. Und dann sagt der Staat, seht ihr, wir hatten Recht, und dann hüpfen die Medien auch drauf und sagen, man sieht doch, er hat es ja zugegeben.

Dazu kommt die Willkür in der Haft. Ich kann jetzt hier zehn Dinge mindestens aufzählen, die Michael widerfahren sind in der Haft, die rechtswidrig waren, die verfassungswidrig waren, die menschenrechtswidrig waren. Aber dagegen vorzugehen, kostet Zeit und auch da muss sich selbst einer wie Michael überlegen: Wenn ich dagegen vorgehe, dann kriege ich vielleicht an dieser Stelle Recht – dass sie mich zum Beispiel nicht in Handschellen hätten transportieren dürfen -, aber wie gehen sie dann in anderen Fragen mit mir um? Wenn du Recht hast und du sagst, ich möchte hier auf meinen Rechten bestehen, sagen sie dir, dass kannst du gerne machen, aber überall wo wir entscheiden dürfen – darfst du jetzt mal in den Hof oder nicht -, da können wir Nein sagen. Also überleg dir gut, ob du dieses Recht durchsetzt oder du dich hier anpasst. Weil, klitzekleines Beispiel: Wenn dir der Bleistift abbricht, kriegst du keinen Anspitzer, weil du dich da dagegen gewehrt hast, dass du in Handschellen warst. Solche Überlegungen sind im Knast die Regel, und für Michael war es wahrscheinlich wichtiger, dass er einen Stift hat und schreiben kann, als sich gegen eine halbe Stunde Handschellen zu wehren. Das ist ein unglaublicher psychischer Druck, der da entsteht. Am Ende geht es ja darum, die Leute in der U-Haft zu brechen. Also offiziell soll Fluchtgefahr oder Verdunklungsgefahr verhindert werden, aber dazu brauchst du bei Wirtschaftskriminellen mit festem Wohnsitz kein Hochsicherheitsgefängnis, du könntest sie auch im Hotel unterbringen oder in einer Pension. Oder ihnen eine Fußfessel verpassen.

Michael Ballweg:

Sie haben mein ganzes Vermögen gesperrt, meinen Reisepass weggenommen, wohin soll ich denn bitte fliehen? Es geht um Demütigung. Es geht darum, mir zu zeigen, wir, der Staat, sitzen am längeren Hebel. Aber wenn du da nicht mitmachst, dann sitzt du am längeren Hebel: Man kann nur jemanden brechen, der sich brechen lässt. Das ist auch eine wichtige Erkenntnis. Das heißt also, sie sind ja an mir verzweifelt, weil das Brechen nicht funktioniert hat. Das ist so ein bisschen wie Nelson Mandela, der die Wut, den Hass abgelegt und gesagt hat: Ich ertrage das.

Ralf Ludwig:

Als Anwalt habe ich wahrgenommen, dass es für Michael die größte Aufgabe war, mit diesem Nicht-Wissen »Wann endet das?« klarzukommen. In der Zeit, in der wir geskypt haben, hat er sicher 275 Mal gefragt: wie lange dauert das denn noch? Ich sage: Michael, ich habe keine Glaskugel. Ja, kannst du nicht eine Prognose machen? Was kann denn noch kommen? Was kann denn noch schlimmstenfalls kommen? Diese Unbestimmtheit, dieses »Ich-falle-hier-und-weiß-gar-nicht-wann-ich-aufschlage« musste er ertragen für sich. In dem Moment, wo er das konnte, war die letzte Möglichkeit, ihn zu brechen, im Prinzip weg.

Michael Ballweg:

Genau, also dass man sozusagen loslässt in gewisser Weise, dass man loslässt von dem Ding: Ich will hier raus, ich will hier raus. Der Trick ist, ja zu sagen zu dem, was ist – jetzt. Nicht in der Vergangenheit und nicht in der Zukunft zu leben und sich darüber keine Gedanken zu machen. Und festzustellen, dass Glück oder glücklich sein ein Geisteszustand ist, dass ich entscheiden kann, wie gehe ich damit um, um dann, wenn negative Gedanken kommen, denen halt möglichst wenig Raum zu geben.

Da mag der eine oder andere sagen, das ist ja Schönrederei. Nein, das ist es nicht. Sondern das andere, sich dauernd Sorgen zu machen, ist Schlechtrederei oder eine schlechte Angewohnheit. Denn Sorgen bringen dich immer mehr runter. Die Problematik ist, du bist drin und du weißt nicht, wie lange, und niemand kann dir eine Antwort darauf geben. Das heißt, du musst es schaffen, in dein Leben zu integrieren, dass es auf diese Frage keine Antwort gibt. Das ist die Leistung, die man bringen muss.

Hat sich denn nun, nachdem Ralf Ludwig in die Verteidigung eingestiegen ist und Schriftsätze eingereicht hat, an den Anklagevorwürfen etwas geändert? Hat die Staatsanwaltschaft in den Monaten, in denen Michael in Haft war, neue Dinge aufgedeckt oder gefunden?

Ralf Ludwig:

Nachdem der Richter nach dieser ersten Haftprüfung gesagt hat, auf die Zeugen kommt es nicht an, hat die Staatsanwaltschaft schon verstanden, dass das falsch ist. Denn natürlich kommt es auf die Zeugen an, und die Staatsanwaltschaft hat auch sofort angefangen, die Zeugen zu vernehmen. Das heißt, sie hat einen Zeugenfragebogen gemacht, der nun wieder so tendenziös war, dass man dagegen hätte vorgehen können.

Wir sind in Beschwerde wegen der Haftprüfung gegangen, aber das Landgericht hat sich genauso hingestellt wie der Amtsrichter und sie verworfen. Dann ging es zum Oberlandesgericht und das hat dann plötzlich alles umgedreht. Für das Oberlandesgericht war es dann auf einmal kein Betrug mehr, weil es akzeptiert hat, dass die Schenkungen, die gekommen sind, a) im Wesentlichen zugunsten von Michael waren und er somit frei entscheiden konnte, was er mit dem Geld macht. Und dass er b) doch offensichtlich erheblich mehr ausgegeben hat als das, was er an Schenkungen eingenommen hat. Die Zwecke, die sie ihm unterstellen, haben sie so sehr verengt, dass sie dann immer tatsächlichen Irrsinn behaupten, zum Beispiel, dass es bei dem Querdenken-Ressourcenmanagement – der Software, die Michael für viele Tausend Euro für die Zwecke von Querdenken umgebaut hat – nicht ersichtlich sei, was die mit Querdenken zu tun haben sollte. Die High-End-Enterprise-Software, die Michael gerade für 500 000 Euro an Bosch verkauft hatte, war die Basis, auf der das Querdenken-Ressourcenmanagement aufgesetzt hat und die für viel Geld von Michaels Softwareteam in der Ukraine umgebaut wurde. Diese Kosten in der Ukraine musste er natürlich bezahlen.

Das haben wir also eingereicht und das Gericht hat dazu gesagt, es sei nicht ersichtlich, dass das Querdenken-Ressourcenmanagement irgendetwas mit Querdenken zu tun hat. Dann haben wir vorgetragen, dass Michael einen Querdenken-Peertube-Server als YouTube-Alternative aufgesetzt hat, worauf das Landgericht wieder sagt, es sei nicht ersichtlich, dass ein Querdenken-711-Peertube irgendwas mit Querdenken zu tun hat. Sie wollten Michael unterstellen, dass diese ganzen Software-Sachen nur seinen privaten Zwecken dienten. Oder: Wir belegen die Kosten für die Bühnentechnik in Berlin, und das Gericht sagt wieder: Das ist nicht für Querdenken, sondern wurde von Media Access – Michaels Firma – bezahlt. Ja und? Es ist doch Michael überlassen, über welches Bankkonto er diese Kosten bezahlt, es muss doch nachher in erster Linie buchhalterisch saubergezogen werden. Und dieses

Sauberziehen, das hat Michael da noch gar nicht gesagt, hätte eine Woche nach seiner Verhaftung stattfinden sollen. Der Termin mit seinem Steuerberater war schon fix.

Michael Ballweg:

Genau. An dem Tag, an dem ich verhaftet wurde, hatte ich deswegen einen Termin bei meinem Steuerberater.

Ralf Ludwig:

Und der hätte dann gesagt, dass Media Access jetzt eine Rechnung an Querdenken schreiben muss über die erbrachten Kosten, Leistungen und so weiter. Damit wären die buchhalterischen Fragen geklärt gewesen. Aber die Staatsanwaltschaft konnte ja nicht einmal ein Bankkonto von einem Buchhaltungskonto unterscheiden. Ich frage mich heute wirklich, ob das Leute waren, die Ahnung hatten von Wirtschaftskriminalität oder von Wirtschaft überhaupt, denen nicht einmal der Unterschied zwischen Bank- und Buchhaltungskonto geläufig war.

Michael Ballweg:

Sie haben diesen einen Trick gemacht und die Einnahmen immer großgerechnet und die Ausgaben kleingerechnet, um das Delta möglichst groß zu machen. Und dann haben sie einfach behauptet, dieses Delta wäre Betrug. Aber auch das ist schon falsch, weil es für mich ja keine Pflicht gab, das Geld auszugeben.

Ralf Ludwig:

Der Vorwurf ist folgender: Es war noch Geld übrig. Und weil das Geld noch übrig war, hast du, Michael, es für dich verwendet. Was absurd ist, weil es ist ja dir gespendet worden. Dem Oberlandesgericht ist schließlich klar geworden, dass Amtsgericht und Landgericht Mist gebaut haben, der sich nicht halten lässt. Einen Betrug gibt es hier nicht. Aber was danach folgte, war der Irrsinn in Vollendung. Das Oberlandesgericht hat dann gesagt, das ganze Geld beziehungsweise der Großteil dieses Geldes war schon für Michael Ballweg persönlich, und er konnte damit machen, was er wollte. Aber er wusste nicht, dass es für ihn war. Er wusste nicht, dass das Geld, was die Leute gegeben haben, eigentlich nicht für die Zwecke von Querdenken war, sondern dass er sich davon kaufen konnte, was er wollte. Und weil er das nicht wusste, hat er Geld, was ihm selbst gehörte, was er ausgeben konnte – ich sagte immer: für Nutten, Koks und schnelle Autos – dieses Geld hätte er für sich genommen und auf ein Konto gepackt, aber nicht gewusst, dass es gar nicht sein Geld war. Also er hat sein eigenes Geld genommen, wusste aber nicht, dass es sein Geld war, und das ist ein sogenannter untauglicher Versuch. Irrsinnig, oder?

Versteh ich das richtig: Er hat Geld von Konto A genommen, das seins war und es auf Konto B gepackt. In dem Glauben, dass es nicht seins war?

Ralf Ludwig:

Also er hat sich selbst Geld geklaut, er hat sich quasi selbst »beschissen«, nicht mehr seine Schenker, sondern sich selbst betrogen: Da er aber angeblich nicht wusste, dass er sich selbst betrügt, handelt es sich dann um einen sogenannten untauglichen Versuch.

Er hat versucht, aber war zu blöd, es richtig zu machen, deshalb untauglich?

Was ein untauglicher Versuch ist, lernt man als Jurist: Du willst deine Schwiegermutter töten, gehst nachts mit einer Pistole in ihr Schlafzimmer schießt auf sie. Und dann stellt sich hinterher heraus, dass sie eine Stunde zuvor einen Herzinfarkt hatte und zu diesem Zeitpunkt schon tot war. Da du Tote nicht ermorden kannst, wäre das ein untauglicher Versuch. Hättest du gewusst – und da kommt es nur darauf an, was in deinem Kopf ist – hättest du gewusst, dass sie schon tot ist, und dennoch geschossen, wäre es kein untauglicher Mordversuch, sondern nur »Schändung der Leiche« oder so etwas ... Und so ist es nach Ansicht des Oberlandesgerichts hier auch: Da ist ein Haufen Geld, der Michael gehört, Michael sieht diesen Haufen Geld und sagt, den kann ich mir ja für mich nehmen, aber weiß gar nicht, dass es ja sein eigenes Geld ist. Das ist der Vorwurf. Es ist grotesk, aber das hat das Oberlandesgericht daraus gemacht.

Michael Ballweg:

Die Vorwürfe sind einfach total absurd. Sagen wir mal, ich habe 1,2 Millionen eingenommen und nur eine Million ausgegeben. Sind also noch 200 000 auf dem Konto. Daraus wird mir praktisch der Betrugsvorwurf gemacht, ich hätte das Geld für mich verwendet. Dabei bin ich nur sorgsam mit dem Geld umgegangen.

Du hättest noch viel mehr Demos machen müssen.

Genau. Ich hätte auch mehr Demos gemacht, aber die sind ja verboten worden. Und ich hatte, wie schon gesagt, damit gerechnet, dass ich eine große Finanzamtsprüfung kriege, und dafür natürlich auch ein paar Reserven gehalten. Alexander Wallasch hat es eigentlich schön zusammengefasst. Er hat gesagt, der Vorwurf ist, ich hätte nicht alle Gelder verfassungsfeindlich eingesetzt.

Und dann, ich saß schon in U-Haft, hatten wir diesen einen Termin bei der Staatsanwaltschaft und die Staatsanwältin verkündet mit einem süffisanten Lächeln, sie hätten jetzt auch ein Steuerstrafverfahren gegen mich eingeleitet. Als man mich verhaftet hat, war aber noch gar keine Steuererklärung fällig. Ich hatte dafür an diesen Tag einen Termin mit meinem Steuerberater vereinbart, um das zu erledigen. Weil ich seit 25 Jahren Unternehmer bin, kenne ich die Fristen und habe immer darauf geachtet, dass da alles in Ordnung und ganz sauber ist. Ich hatte alle Unterlagen meinem Steuerberater geschickt und ihn gebeten, die Buchhaltung für Querdenken zu machen, aber er hat gesagt, das brauche ich nicht. Er hat mir dann geraten, für den Verkauf von T-Shirts, Fahnen usw. ein Gewerbe anzumelden. Deshalb habe ich im Februar 2021 rückwirkend ein Gewerbe angemeldet, für das dann die Umsatzerlöse von etwa 8 000 Euro verbucht wurden. Dazu sagten dann die Staatsanwaltschaft und das Gericht, dass ich mit dieser rückwirkenden Anmeldung eine Gewinnerzielungsabsicht gehabt hätte.

Ich hatte schon eine Einzelfirma für Vermietung und Verpachtung, und ursprünglich war der Plan, diese Mini-Umsätze von 8 000 Euro über diese Firma laufen zu lassen. Dazu hat das Finanzamt aber Nein gesagt, es müsse ein eigenes Gewerbe angemeldet werden, was wir dann auch getan haben. Ich habe nur getan, was Finanzamt und Steuerberater geraten haben – und daraus wird jetzt der Vorsatz gestrickt, ich hätte betrügen wollen.

Ralf Ludwig:

Man muss sich diesen Irrsinn mal vorstellen: Jemand wird verhaftet, hat keinen Kontakt zur Außenwelt, kann keinen Kontakt zu seinem Steuerberater aufnehmen, alle Dokumente sind beschlagnahmt von der Staatsanwaltschaft – und dann wird ihm vorgeworfen, dass die steuerlichen Erklärungen mit den Dokumenten, die er nicht hat, nicht rechtzeitig beim Finanzamt gelandet sind.

Wenn du glaubst, das ist doch absurd, das kann doch nicht sein in einem Rechtsstaat, muss ich dich leider enttäuschen. Das darf der Staat, und der Vorwurf ist nicht nur, dass du es nicht rechtzeitig gemacht hast und irgendwie Bußgeld bezahlen musst, sondern der Vorwurf ist versuchte Steuerhinterziehung, also noch eine Straftat. Wir haben die Geldwäsche, wir haben den Betrug, wir haben die versuchte Steuerhinterziehung. Und das OLG, die dritte Instanz, stellt dann fest: Das stimmt alles gar nicht, wir haben keine Belege oder Beweise für das, was der Amtsrichter da entschieden hat. Also ändern wir es einfach in »untauglichen Versuch«. Das Oberlandesgericht hat dann im November 2022 den alten Haftbefehl aufgehoben und den neuen Haftbefehl selbst erlassen. Aber hat ihn Michael nicht verkündet. Der formale Vorgang muss laut Strafprozessordnung so verlaufen, dass der Haftbefehl schriftlich niedergelegt wird und dir verkündet werden muss, weil du vorher rechtliches Gehör haben musst. Aber die Verkündung des neuen Haftbefehls ist nicht erfolgt, beziehungsweise erst zwei Wochen später. Während dieser Zeit hätte Michael gar nicht mehr in Haft sein dürfen. Zudem erfahren wir erst aus dem Beschluss des Oberlandesgerichts zum allerersten Mal, dass es jetzt nicht mehr um Betrug, sondern um versuchten Betrug geht. Normalerweise muss das Oberlandesgericht, wenn es die Begründung für die Haft ändert, den Beschuldigten vorher anhören. Du musst ja wissen, was dir vorgeworfen wird, und musst dich dazu äußern können.

Ich habe also zwischen dem abgeänderten Beschluss durch das Oberlandesgericht und dem Termin zur Anhörung vor Neuverkündung durch das Amtsgericht die Justizvollzugsanstalt angeschrieben und gefordert: Ich möchte meinen Mandanten, Herrn Ballweg, heute gerne abholen, weil es keinen ordnungsgemäß verkündeten Haftbefehl gibt. Wann kann ich ihn abholen, bitte teilen Sie mir das mit. Die haben natürlich nicht darauf geantwortet. Das Gleiche habe ich nachrichtlich auch an das Amtsgericht, das Landgericht und das Oberlandesgericht geschrieben. Und dann fand am 28. November dieser Haftverkündungstermin statt.

Michael Ballweg:

Ralf und ich hatten per Skype die Schriftsätze ausgearbeitet, die ganzen Zahlen zusammengestellt und den Vorwurf entkräftet, ich hätte mehr Geld eingenommen als ausgegeben. Man hätte zwar auf das Hauptverfahren warten können, bevor man dann diese ganze Aufarbeitung macht, aber wir wollten das schon vorher aufarbeiten. Um die Staatsanwaltschaft aktiv dabei zu unterstützen, ihre Lücken aufzuklären. Dabei kam dann raus, dass ich erheblich mehr Geld ausgegeben habe als eingenommen, etwa 200 000 bis 300 000. Sprich, das Gericht konnte aus meiner Sicht nicht mehr anders, als dann zu sagen, an dem Betrug ist nichts dran. Weil sie mich trotzdem im Gefängnis halten wollten, haben sie daraus diesen «untauglichen versuchten Betrug« gemacht. Und den Vorwurf, ich hätte mir im Vorfeld, also schon im Februar oder im März 2020, bevor ich überhaupt mit den Demos angefangen habe, ausgedacht, mit Querdenken und Demos Geld verdienen und für mich vereinnahmen zu wollen. Als Beleg dafür, dass ich so böse gedacht habe, hat das Gericht in seinem Beschluss die Satiresendung von Jan Böhmermann zitiert, der mich in seiner Sendung als »Corona-Unternehmer des Jahres« bezeichnet hatte.

Also nicht Pfizer oder Biontech, die Milliarden gescheffelt haben, sind die Corona-Unternehmer des Jahres, sondern Michael Ballweg. Und das Gericht führt in seinem Beschluss als Beweis dazu einen ZDF-Komiker an?

Ralf Ludwig:

In der Tat. Denn die Richter sitzen beim Oberlandesgericht jetzt da und müssen sich überlegen, was sie machen, wenn die Zahlen und Fakten einfach keinen Betrug hergeben. Und dann schwenken sie um auf ein Gedankenvergehen. Was passiert ist, kann nur in Michaels Kopf vor sich gegangen sein. Die Richter denken sich: Wenn wir ihn als Oberlandesgericht jetzt entlassen, dann ist das ein Imageschaden für den Justizminister, den Ministerpräsidenten, für das Land Baden-Württemberg. Weder die Staatsanwaltschaft noch das Amtsgericht noch das Landgericht haben einen einzigen Zeugen gehört, sondern den Haftbefehl einfach durchgewunken. Ein völliges Desaster für die Justiz in Baden-Württemberg, oder? Und jetzt setzt sich das Oberlandesgericht hin und sucht nach irgendwelchen Anhaltspunkten, um behaupten zu können, Michael habe gar nicht gewusst, dass das Geld auf seinem Konto für ihn persönlich war und gar nicht für Querdenkenzwecke. Und deswegen habe er in seinem Kopf diesen Betrug durchgeführt, den er gar nicht durchführen konnte, weil es ja sein Geld war. Aber in seinem Kopf hat er sich vorgestellt, ich betrüge die Leute. Dafür sucht das Oberlandesgericht dann die krudesten Argumente und strickt aus einer Gewerbeanmeldung für T-Shirt-Verkauf einen Nachweis für einen Betrugsversuch.

Weil zu diesem Zeitpunkt erst relativ kurz bekannt war, dass es auch Ermittlungen wegen Steuerhinterziehung gab, gehe ich davon aus, dass sich die Richter erhofft haben, noch ein wenig Zeit zu gewinnen und ihn in Haft lassen mit der Behauptung »untauglicher Versuch«.

Und ab dem Moment, das wussten wir aber erst hinterher, wurden die steuerlichen Ermittlungen auch intensiviert. Das Finanzamt hatte die Ermittlungen wegen einer Steuerstraftat wohl schon eingestellt und die Staatsanwaltschaft hat dann Wert daraufgelegt, dass sie wieder aufgenommen werden. Und ich gehe heute davon aus, die haben sich dann erhofft, jetzt haben wir ihn schon mal drin, es ist eh ein Desaster und wir lassen ihn jetzt drin in der Hoffnung, wir finden noch irgendwas wegen der Steuergeschichte. Zumal er in der Haft, wenn die Steuergeschichte seitens der Behörden vorangetrieben wird, nichts machen kann, er sitzt ja nur mit Bleistift und Papier in seiner Zelle, hat keine Unterlagen und kann sich nicht wirklich wehren.

Michael Ballweg:

Genau, und da waren noch zwei absurde Sachen aus meiner Sicht drin in diesem neuen Beschluss. Sie haben gesagt, die Zeugen hätten jetzt ihre Meinung geändert, um mich im Nachhinein zu schützen. Und das zweite war, weil das Steuerstrafverfahren noch läuft, lassen wir ihn mal im Gefängnis drin. Aber du brauchst fürs Gefängnis einen dringenden Tatverdacht. Und der eine war weg und der andere war noch nicht da, aber sie haben einfach gesagt, das Steuerstrafverfahren läuft noch, da könnte sich noch was ergeben, also wir halten ihn am Wickel.

Ralf Ludwig:

Das nächste Absurde war, zu den Vermögensarrestierungen haben wir gesagt: Moment, das ganze Geld ist doch auf die Konten von Michael Ballweg gegangen und auf den Konten befindet sich aber doch mehr Geld als der Betrag, den er angeblich betrügerisch erworben hat. Wie kommt ihr auf die Idee, dass dieses Geld nicht für Querdenkenzwecke ausgegeben werden soll? Und dazu hat dann das Oberlandesgericht ernsthaft gesagt: Nein, er hätte das Geld sofort ausgeben müssen und nicht auf Konten für spätere Zwecke ansparen dürfen. Was mich dann dazu veranlasst hat, dass ich später in einem Schriftsatz das Oberlandesgericht gefragt habe, okay, wenn er am 31.12. um 23 Uhr noch 500 Euro kriegt, bis wann müsste er das Geld denn dann ausgeben? Ganz offensichtlich dienten diese widersprüchlichen Argumentationen nur dazu, ihn in Haft zu halten, in der Hoffnung, wir finden noch irgendetwas, um das Maß dieser juristischen Katastrophe für das Land Baden-Württemberg zu verringern.

Michael Ballweg:

Also ich hatte bis zu diesem Zeitpunkt immer noch so ein bisschen an den Rechtsstaat geglaubt, dass der praktisch noch funktioniert, irgendwie. Aber das war dann der Tag für mich, wo ich kapiert habe, okay, wenn jetzt das Gericht eine Satiresendung zitiert, um mich im Gefängnis zu behalten, dann stimmt etwas nicht mehr. Am nächsten Tag habe ich dann an Nils Melzer, den

Folterbeauftragen der UN, einen offenen Brief geschrieben. Ich saß ja vom 14. November bis zum 28. November ohne verkündeten Haftbefehl in Haft. Und jetzt am 28. November sollte er verkündet werden und meine Verteidiger hatten viel Hoffnung, dass das positiv für mich werden wird, weil schon so viele Formfehler gemacht wurden. Wir hatten den Steuerberater als Zeugen geladen, der mich entlasten konnte wegen der Gewerbeanmeldung. Mein Steuerberater war auch kurzfristig verfügbar und hat sich bereitgehalten.

Ich kam dann ins Gericht und wurde gefesselt, weil das halt Standard ist anscheinend. Ich saß da sechs Stunden mit einer Hand an den Tisch gefesselt, damit ich in meinen Unterlagen blättern konnte. Wir hatten alles dabei und waren gut vorbereitet. Der Richter Berger, der vorher auch schon den Termin am 15.8.2020 gemacht hatte, wirkte lustlos und hat mich dann die Dinge vortragen lassen, die ich vorbereitet hatte, aber nur die nicht relevanten Dinge. Ich habe verlangt, dass der Steuerberater, der vor der Tür wartete, als Zeuge gehört wird, aber der Richter meinte, nein, das ist noch nicht relevant. Es gab auch mehrere Pausen, nach denen ich immer wieder verlangt habe, den Steuerberater anzuhören, aber der Richter lehnte das ab und sagte, er wolle sich erst mal einen Überblick verschaffen. Und nach sechs Stunden ist er dann hektisch aufgestanden, hat gesagt, es wäre jetzt alles erledigt, und er würde nun beschließen, dass der Haftbefehl jetzt verkündet sei. Und dann ging es wieder zurück ins Gefängnis.

Ralf Ludwig:

Dieser Termin am 28. November begann um 13.30 Uhr, also relativ spät eigentlich. Michael wird vorgeführt, diesmal nicht in den Räumen des Oberlandesgerichts, sondern in denen des Amtsgerichts. Dort finden die Anhörungen normalerweise im Büro des Richters statt, also in einer eher informellen Art, und da ist kein Publikumsverkehr. Der Richter hatte diese Anhörung aber in einen offiziellen Saal gelegt, sodass Michael, mit Handschellen gefesselt, durch das Amtsgericht geführt wurde, wo Publikumsverkehr ist: Mit einer Maske, die sie ihm aufgesetzt haben, niemand hat mehr Masken getragen in diesem November 2022, die Maßnahmen gab es weitestgehend nicht mehr.

In diesem Saal ist es dann so: Der Tisch des Beschuldigten ist der entfernteste Tisch, vorne sitzt der Richter, gegenüber ist die Tür, davor sitzt die Staatsanwaltschaft, weit entfernt sitzt der Beschuldigte mit seinen Anwälten und vor der Tür sind Justizvollzugsbeamte. Eine Fluchtgefahr im Saal besteht eigentlich nicht. Dennoch hat dieser Richter Michael sofort mit der Hand an den Tisch fesseln lassen, sodass er also nicht die Hand auf den Tisch legen konnte. Eine Fesselung ist aber eine Freiheitsberaubung und eine Freiheitsberaubung darf nur aufgrund richterlichen Beschlusses gemacht werden. Es gab aber keinen richterlichen Beschluss, der Richter sagte nur: Das machen wir immer so. Die Staatsanwältin hat gesagt, von mir aus kann er auch abgebunden werden, ist kein Problem. Und der Richter hat nur gesagt, das mache ich nicht. Aber er hat keinen Beschluss gemacht. Das ist übrigens eine Straftat des Richters, das ist eine Freiheitsberaubung ohne richterlichen Beschluss. Das war erst einmal das Setting, das heißt, dieser Richter hat in dieser Situation Michael maximal demütigen wollen.

Wir hatten sieben Punkte vorbereitet. Jemand, der in U-Haft ist, ist unschuldig. Und deswegen hat er natürlich einen Anspruch auf rechtliches Gehör. Und das Gesetz sagt ganz eindeutig: Zu jeder Frage, die ihm wichtig ist, muss er gehört werden. Michael war anwaltlich gut vertreten und gut vorbereitet. Wir haben neue

Dokumente dabei, wir haben vor der Tür einen Zeugen sitzen, und der Richter sagt: Ich habe dich doch schon am 15. August gehört. Wir sagen, ja, aber am 15. August wurde er zu einer Straftat gehört, die das Oberlandesgericht gerade verworfen hat. Also muss er zu diesen neuen Argumenten des Oberlandesgerichts gehört werden, denn weder das Oberlandesgericht noch sonst jemand haben ihn bisher dazu gehört. In diesem neuen Haftbefehl stehen jetzt neue Gründe, und zu diesen Gründen ist er nie gehört worden. Und jetzt wird es völlig absurd, zuerst mit dem rein formalen Fehler, dass kein Protokollant dabei ist. Der Richter kann durchaus auf den Protokollanten verzichten, muss aber einen Beschluss darüber machen, den er dann nicht gemacht hat. Das heißt, von Anfang an war diese Sitzung formal fehlerhaft. Und jetzt will Michael vortragen. Hand gefesselt, Zeuge vor der Tür, Dokumente auf dem Tisch – und er legt los. Und dieser Richter hört sich an, was Michael sagt, und fängt an mitzuschreiben. Aus der Situation müsste man im Nachhinein eigentlich ein surreales Theaterstück machen. Da sitzt Michael, mit der Hand gefesselt, da sind zwei Justizwachtmeister, die Staatsanwältin, oben der Richter, der ein bisschen gelangweilt ist, und protokolliert mit Grammatik und Interpunktion alles, was Michael sagt. Als sein Sekretär, der exakt das, was Michael ihm diktiert, mitschreibt und dann immer noch nachfragt: Ich habe es jetzt gerade nicht genau verstanden, wie hatten Sie das gesagt? Und er schreibt exakt so, wie Michael diktiert.

Es gibt da kein Diktiergerät?

Wir sind im Ländle, da wird gespart. Wie aber soll sich denn der Richter auf das Inhaltliche konzentrieren? Das weiß doch jeder. Du kannst entweder einen Text einfach mitschreiben, genau mit

Zeichensetzung und im Wortlaut, aber dann kannst du dich auf das Inhaltliche nicht konzentrieren. Michael diktiert also dem Richter. Wir sagen als Anwälte, draußen sitzt der Hauptentlastungszeuge, der Steuerberater von Michael. Der Hauptvorwurf ist doch hier diese Gewerbeanmeldung. Er kann das entkräften. Wir haben auch Dokumente. Und der Richter sagt immer, nein, nein, ich will erst mal hören, was er sagt. Und schreibt wirklich stundenlang.

Michael Ballweg:

Er hat sogar auch meinen Anwälten das Wort verboten. Erst als ich sagte, ich erteile meinen Anwälten hiermit offiziell das Wort, durften sie reden.

Ralf Ludwig:

Der Richter hat alles mitgeschrieben, mehr oder weniger alle Anträge, die wir gestellt haben, auf Einsicht in Dokumente, auf Vernehmung des Zeugen, der vor der Tür sitzt. Wir haben dann gesagt, der Zeuge da draußen hat nicht so viel Zeit, und der Richter sagt, das ist egal. Sein Ziel war tatsächlich, dass dieser Zeuge das Gerichtsgebäude verlässt. Er ist dann immer öfter ganz aufgeregt rausgelaufen, der Richter, und wir gehen davon aus, dass er geguckt hat, ob der Zeuge noch da ist. Bis dann der Steuerberater meinte, ich habe jetzt alle Termine verschoben, ich bleibe da bis zum bitteren Ende. Vorher hat der Richter noch gesagt, ich habe das jetzt gerade geklärt, wir können bis Mitternacht bleiben. Worauf wir meinten: Dann bleiben wir bis Mitternacht, kein Problem. Die Staatsanwaltschaft ist dann einfach um halb 3 gegangen, zumal sie formal nicht gebraucht wird.

Mittlerweile ist es 18.30 oder 19.00 Uhr. Michael diktiert weiter und irgendwann sagt der Richter: Ich habe jetzt alles gehört, habe mir das Bild gemacht, jetzt ist Schluss. Stellen Sie Ihren Antrag, Herr Anwalt, sagt er zu mir. Und ich sage, nein, wir haben noch Punkte vorzutragen, und draußen ist noch der Zeuge, ich bestehe darauf, dass der Zeuge gehört wird. Er sagt: Stellen Sie jetzt Ihren Antrag. Und dann diktiert er meinen Antrag, den ich nie gestellt habe, einfach rein ins Protokoll. Sagt, ich hätte den Antrag gestellt, den alten Haftbefehl aufzuheben – was ich ja nie beantragt hätte, denn der war ja schon aufgehoben nach dem Oberlandesgericht – und den neuen nicht in Vollzug zu setzen. Das hat er ins Protokoll reingeschrieben. Und musste dann noch den Haftbefehl verkünden, den hat er dann einfach so genuschelt. Also, ich hatte da den Eindruck, er erkannte die Unwahrheit und konnte sie nicht aussprechen und hat sie so in sich hinein genuschelt.

Die eigene Aussage kann der Beschuldigte genehmigen und unterschreiben. Der Richter druckt also das Protokoll aus und Michael fängt jetzt an, mit einer Hand gefesselt, mit meiner Hilfe da drin Dinge zu verändern. Dann sagt der Richter plötzlich, das reicht mir jetzt, ich schreibe jetzt rein, das Protokoll ist nicht genehmigt. Da sage ich, Moment, Sie schreiben jetzt bitte rein, dass Sie uns gerade das Protokoll nicht mal zum Lesen geben. Er wollte dann irgendwie nach Hause und das Ding einfach jetzt über die Bühne kriegen. Alle Punkte waren noch gar nicht gehört, auch nicht der Zeuge, und man kann schon sagen: Diese surreale Sitzung wurde beendet, weil der Richter einfach sagte: Schluss jetzt, Ende.

Der neue Haftbefehl ist damit verkündet und in Vollzug gesetzt und Michael wird wieder in die JVA zurückgebracht.

Ralf Ludwig:

Genau. Und damit haben wir Anspruch auf einen Haftprüfungstermin. Jetzt war es aber so, da Michael ja am 29.6. in Haft gekommen ist, dass dann am 29.12. der standardmäßige 6-Monats-Termin war. Nach dem Grundsatz, dass ein Haftbefehl nicht länger als 6 Monate aufrechterhalten werden darf. Die Realität besagt zwar, dass so ziemlich alle Haftbefehle länger als 6 Monate aufrechterhalten werden. Aber eigentlich muss das begründet werden, warum jetzt in diesem Fall noch so viel zu ermitteln ist oder weil noch eine besondere Fluchtgefahr existiert.

Michael Ballweg:

Seit dem 14.11.2020 war mir völlig klar, dass es ein politischer Fall ist. Jetzt gab es allerdings bei den Anwälten zwei Lager. Die einen haben gesagt, die Gerichte bloß nicht reizen, lasst uns mitspielen und so weiter, dann lassen sie dich schon irgendwann raus. Oder letztendlich in die Konfrontation gehen.

Für mich war immer ganz klar – es stand ja auch im Raum, man könnte ja mal mit der Staatsanwaltschaft über einen Deal verhandeln, aber das war nie mein Thema und das habe ich auch immer ganz klar kommuniziert und gesagt, hier gibt es nichts, ich bin unschuldig. Und die einzig richtige Strategie, wenn man unschuldig ist, ist, für diese Unschuld einzustehen und die ganzen Wege dann durchzugehen. Auch wenn es länger dauert. Und deshalb war ich froh, dass ich Ralf an meiner Seite hatte. Denn wir haben praktisch wirklich durchgängig gearbeitet. Auf der einen

Seite hatten wir eben diese vielen rechtlichen Fehler der Gegenseite und auf der anderen Seite hatten wir diese vielen inhaltlichen Themen.

Ralf Ludwig:

Es ist übrigens ja nicht so, dass ich fast jeden Tag zwei bis drei Stunden mit ihm geskypt habe, sondern ich musste ja auch die Schriftsätze machen, Sachen nachrecherchieren. Das heißt, es war ein unglaublicher Aufwand. Gut, dass Michael extrem geordnet ist. Mit einem anderen Mandanten hätte man das nicht machen können und sich wahrscheinlich auf einen Deal einlassen müssen. Aber Michael war so gut organisiert, dass du gegen jedes Scheinargument der Staatsseite sechs richtig gut manifestierte Gegenargumente hattest. Und da er dummerweise auf mich gehört und gesagt hat, wir ziehen das durch, bedeutete das natürlich, gegen jede Maßnahme des Staats vorzugehen und alle Rechtsmittel auszuschöpfen. Was wir dann auch getan haben. Wir haben wirklich jedes rechtliche Mittel, das es gab, ausgeschöpft. Das war wieder die Querdenken-Taktik: Wir führen sie in die Absurdität, es muss immer absurder werden, wie sie da argumentieren.

Allein um hinterher zu zeigen: Guckt mal, wie absurd Justiz und Staat hier auf einen kleinen Querdenker reagieren.

Michael Ballweg:

Dieser mentale Mindset ist ganz wichtig: Wer bestimmt das Spielfeld? Bin ich Opfer oder führe ich das Spiel? Ich habe gesagt, wir nehmen unser Spielfeld. Wir lassen uns nicht in das Spielfeld der Staatsanwaltschaft ziehen. Die Staatsanwaltschaft wollte sich die ganze Zeit auf diesem Zahlenblock ausruhen und sagen, da fehlen noch 3,80 Euro, wo ist denn der Beleg? Wir müssen daher das Spielfeld viel größer machen. Es geht um dieses Thema Betrug. Und da kommt es auf die Zeugen an.

Mit der Geschwindigkeit, die wir vorgelegt haben, die Ralf mit mir vorgelegt hat, konnten sie nicht umgehen. Wann gibt es denn einen U-Häftling, der sämtliche Instanzen durchgeht, Amtsgericht, Landgericht, Oberlandesgericht, dann Verfassungsbeschwerde und zwischendrin die Gehörsrüge. Das ist für mich ein ganz wichtiger Punkt und ein Rat: Wenn sich jemand mal in Haft befindet, muss er sich einen Anwalt suchen, der mit ihm alles durchgehen kann. Und man muss immer darauf achten, dass man das Spiel selbst bestimmt und sich nicht bestimmen lässt. Ich will das noch mal betonen, denn auch bei Querdenken war die Geschwindigkeit einer unserer großen Erfolgsfaktoren. Und die Staatsanwaltschaft hat versucht, einfach alles langsam zu machen. Und immer gesagt: Wir müssen noch ermitteln, dauert noch. Und sie haben ja auch dann gar nicht mehr ermittelt, es kamen einfach keine Akten mehr.

Ralf Ludwig:

Ein Beispiel für diese Verlangsamung und Nichtermittlung: Am 14. Dezember – Michael ist wegen eines Wirtschaftsvergehens fast schon ein halbes Jahr im Gefängnis – hat die Staatsanwaltschaft zum ersten Mal seinen Steuerberater befragt. Und der Steuerberater hat natürlich all das bestätigt, was wir von Anfang an gesagt haben.

Nun aber wurde es völlig absurd, weil der Staatsanwaltschaft jetzt bekannt war, dass das, was das Oberlandesgericht sich mit Jan Böhmermann als Beleg ausgedacht hat, völliger Blödsinn ist. Aber es geht noch weiter. In diesem Zusammenhang hatte ich auch einen Befangenheitsantrag gegen den Richter gestellt und gegen den neu verkündeten Haftbefehl vom 28. November eine Haftbeschwerde gemacht. Warum Haftbeschwerde? Man hat nur alle drei Monate das Recht auf eine mündliche Haftprüfung, und ich wusste ja, dass am 29. Dezember die Sechsmonatsfrist ist. Und wenn die Sechsmonatsprüfung dazwischenkommt, wird die Haftbeschwerde nicht zu Ende geprüft. Aber wir wollten den Richter noch einmal sehen, wir fanden den ja so nett, mit seinen neuen Handschellen-, Yoga-, Haltungs-Verordnungen. Als Anwalt habe ich die Wahl, Haftprüfung oder Haftbeschwerde zu machen. Die Haftbeschwerde geht dann schriftlich zum Landgericht, und die haben wir gemacht in dem Wissen, dass das Ganze sowieso dann vom Oberlandesgericht überholt wird. Aber wir wollten dieses Verfahren, weil wir da all diese Sachen und formalen Fehler reingeschrieben haben, die sich der Richter beim Haftverkündungstermin geleistet hat. Also alles, was passiert war, noch mal dokumentiert. Und Strafanzeige gegen den Richter gestellt, wegen Freiheitsberaubung und Rechtsbeugung. Also richtig aus allen Kanonen gefeuert, in dem Wissen, dass das am 29.12. dennoch von der Sechsmonatsentscheidung überholt wird. Diese Entscheidung über die Haftfortdauer muss aufgrund der neuesten Aktenlage getroffen werden, die Staatsanwaltschaft muss alle Erkenntnisse, die sie bis zu diesem Termin hat, aufschreiben, und der Beschuldigte muss dazu gehört werden.

Michael Ballweg:

Zwischen Weihnachten und Neujahr ist im Gefängnis Pause. Das bedeutet jedoch nicht, dass die Insassen nach Hause dürfen. Aber es gibt keine Besuchszeiten, keine Besuche von Eltern oder Freundin und auch keine Akteneinsicht im Besucherraum. Anwaltstermine müssen aber stattfinden, der Anwalt muss das beantragen. Ich sollte die Akten bekommen, am 29.12. war ja der Termin, wir mussten uns darauf vorbereiten. Die Staatsanwaltschaft hat behauptet, sie hätte am 20.12. eine CD losgeschickt, das heißt am 22.12. war die CD der JVA dann zugestellt worden, aber ich konnte sie dann nicht anschauen, weil der Besucherraum wegen Weihnachtsurlaub dicht war. Doch das Gericht hat am Ende behauptet, ich hätte Akteneinsicht gehabt in der JVA. Obwohl ich mir vom Gefängnisdirektor noch eine Bestätigung geholt habe, dass ich die Akten nicht einsehen konnte. Weil ich meine Post ja in den Haftraum bekam, hatte ich zwar die CD, konnte sie aber nicht lesen, weil das nur über die Laptops im Besuchsbereich geht.

Ralf Ludwig:

Das heißt, wir haben diese Sechsmonatsprüfung gehabt, ohne dass der Beschuldigte seine Akte einsehen konnte. Wieder ein Verstoß gegen rechtliches Gehör. Aber das Gericht hat natürlich alles ignoriert. Also, das wird noch mal ein Glanzstück werden, wenn wir jetzt weiter sind, dieser Haftfortdauerbeschluss des Oberlandesgerichts. Da denkst du tatsächlich, da war ein Praktikant im ersten Semester Jura dran, dem man gesagt hat, schreib doch mal eine Haftfortdauerentscheidung. Dieser ganze Beschluss hat 18 Seiten, davon 17,5 Seiten Copy und Paste aus der Akte. Die komplette Begründung des Oberlandesgerichts umfasste drei Sätze. Das habe ich alles rausgearbeitet für unsere Verfassungsbeschwerde. Rein formal braucht es eine vertiefte Begründung, warum ausnahmsweise über den Grundsatz »Sechs Monate U-Haft« hinausgegangen wird. Aber mit drei Sätzen war die Haftfortdauer dann erst mal Fakt.

Ihr habt dann ja wieder einen Haftprüfungstermin beantragt.

Für diesen neuen Haftbefehl, der am 28. November verkündet worden war, haben wir die Haftprüfung beantragt. Weil es da wieder mit einer mündlichen Verhandlung weitergeht und ein Richter sich unsere Argumente anhören muss.

War das wieder derselbe Richter? Der Handschellen-Kollege?

Ja. Der Handschellen-Richter. Wir haben dann einen weiteren Anwalt ins Team geholt, Rechtsanwalt Dr. Löffler, der auch CDU-Landtagsabgeordneter ist. Wir waren ja im Wesentlichen Anwälte aus der Bewegung und haben uns für Herrn Löffler entschieden, weil er erstens als Landtagsabgeordneter auch in die politischen Zusammenhänge reinschaut, ein Lokalmatador, und zweitens, weil er in der Sache nicht auf unserer Seite ist. Der Termin findet im Amtsgericht statt, aber jetzt im Büro des Richters. Und der Richter eröffnet und fragt, haben Sie, vom letzten Mal aus gesehen, etwas Neues vorzutragen? Dann habe ich gesagt, wir würden gerne erst einmal das vortragen, was wir beim letzten Mal nicht vortragen durften. Nein, sagt er, es geht hier nur um was Neues. Dann sagte Michael, ja, ich habe einiges, und wollte anfangen.

Michael Ballweg:

Und der Richter sagt: Das interessiert mich alles nicht. Gibt es hier was Neues, falls nicht, beende ich das sofort. Interessant war, dass Anwalt Löffler beantragt hat, mich nicht mehr zu fesseln. Der Richter hat dann den Justizbeamten gefragt, ob ich kooperativ sei, was der Beamte bejahte. Und so wurde ich erst mal entfesselt. Die Strafanzeige hat Wirkung gezeigt. Dann wollte ich vortragen und er sagt aber gleich, das sei nichts Neues, ob ich etwas Neues hätte. Und beginnt massiven Druck zu machen: Stellen Sie jetzt Ihren Antrag, stellen Sie Ihren Antrag! Dann sage ich, ja, ich habe Neuigkeiten. Dann ist der Anwalt Dr. Löffler aufgestanden und sagte: ich stelle den Antrag, Herrn Ballweg unter Auflagen freizulassen. Aber der Richter hat den Antrag abgelehnt. Dann war die Sache nach zehn Minuten beendet.

Er hat uns definitiv nicht hören wollen.

Ralf Ludwig:

Weil Michael kein Gehör eingeräumt wurde, habe ich einen weiteren Befangenheitsantrag gestellt. Und dann kam ein paar Tage später eine Nachricht, ob ich den Befangenheitsantrag nicht zurücknehmen möchte. Der Richter sei nicht mehr zuständig. Er sei versetzt worden. Das heißt also, der Druck, den wir gemacht haben, hat Wirkung gezeigt. Seine Vorgesetzten haben den Richter aus dem Spiel genommen. Das ist mir übrigens mehrfach passiert. Immer wenn ich massiven Druck gemacht habe. Dem Befangenheitsantrag ist nie stattgegeben worden, die Strafanzeigen sind nicht weiterverfolgt worden, aber die Richter waren auf einmal weg, nicht mehr zuständig. Er sitzt jetzt auf einem Zivildezernat, Drittelstelle Verkehrsrecht, Drittelstelle Wohnungseigentumsrecht und noch irgendwas, allgemeines Zivilrecht. Das ist das, was wir erreichen konnten. Dieses ganze Thema, was passiert ist mit Corona, wird ja irgendwann aufgearbeitet. Und meine Rolle sehe ich unter anderem darin, für diese Aufarbeitung Akten zu produzieren. Diese ganze Absurdität ist ja dokumentiert worden, alles ist in den Akten – was die Staatsanwaltschaft gemacht hat, was die Ermittlungsbehörden getan haben, die Gerichte, das ist alles ganz sauber dokumentiert. Weil Michael das wollte, sind wir alle Rechtswege bis zum Ende gegangen, auf irgendeinen Deal wollte er sich nicht einlassen. Man hat ja seine Gesprächsbereitschaft getestet, ob er sich vielleicht darauf einlässt, früher rauszukommen und als Spitzel oder V-Mann tätig zu werden ...

Michael Ballweg:

Die Angebote waren da. Es kam im November der Gefängnisdirektor zu mir: Können wir mal reden? Wir saßen in der Küche schön zusammen, er hat über andere Dinge angefangen zu reden, und dann meint er, er hätte den Beschluss des Oberlandesgerichts gelesen, das würde ja heißen, zwei Jahre auf Bewährung, aber ich müsste halt was zugeben. Die Alternative wäre die, dass die Staatsanwaltschaft noch lange ermittelt, und ich wäre dann, sagte er, so zwischen eineinhalb und zwei Jahren noch weiter hier drin. Da habe ich gesagt, dass ich nichts getan habe und nichts zugebe, was ich nicht getan habe.

Ralf Ludwig:

Der Direktor ist ein ehemaliger Staatsanwalt, der vorgeschickt wurde, um mal vorzufühlen. Ende Januar wird der Amtsrichter versetzt, Michael wird auf den Zahn gefühlt, ob man mit ihm nicht hintenrum etwas absprechen kann. Aber aus Sicht der Staatsanwaltschaft ist der Ballweg stur. Ich habe übrigens Michael relativ früh, ich glaube, im November, schon gesagt, dass er am 29. März rauskommt. Das war meine Prognose. Spätestens am 29. März bist du draußen, weil ich davon ausgegangen bin, dass diese Dreimonatsprüfungen immer genau auf den Tag kommen. Am 11. Januar war dieser 10-minütige Haftprüfungstermin, und dagegen habe ich dann wieder Haftbeschwerde eingelegt. In dem ganzen Verfahren gab es viele rechtliche Fehler, die ich in einer Verfassungsbeschwerde aufgelistet habe. Die anderen Anwälte haben gefragt, warum machst du das immer wieder, damit provozierst du doch die Richter nur, mach das doch mal besser nicht. Aber wir haben gesagt, nein, wir gehen immer wieder bis zum Ende durch, bis wir am Ende vor den Europäischen Gerichtshof für Menschenrechte gehen können. Die Verfassungsbeschwerde wurde dann abgelehnt. Mit der Begründung, es hätte vorher keine Gehörsrüge stattgefunden. Dann haben wir noch mal Gehörsrüge eingereicht.

Wie kommt es jetzt, dass du dann nicht am 29. März, sondern am 4. April entlassen wurdest.

Michael Ballweg:

Ich weiß gar nicht mehr, was letztendlich dazu geführt hat, dass ich rausgekommen bin, da musst du mir kurz helfen. irgendwas konnte nicht mehr verschleiert werden.

Ralf Ludwig:

Ich war an drei Dingen dran. Aktuell lief eine Verfassungsbeschwerde, es lief dazu die Haftbeschwerde und bei der Neunmonatsprüfung habe ich noch etwas Neues vorgetragen. Der Vorwurf war ja, Michael hätte nicht gewusst, dass das Geld, was ihm geschenkt wurde, für ihn war. Da kamen uns jetzt die Gegner von Querdenken zu Hilfe, die ihm Centbeträge, Kleinbeträge gespendet hatten und nun eine Spendenquittung verlangten, etwa so: 3 Euro, davon 2,50 Euro für Human Rights Watch weiterreichen und so was alles. Einer hat gesagt, ich bin verarmt, kannst du mir meine Schenkung zurückschenken? Es gab, glaube ich, 18 solche Vorfälle, über 2020 und 2021 verteilt. Und Michael hat diese Dinge immer wieder zurücküberwiesen. Und da haben wir gefragt: Wie wollt ihr denn eure Behauptung aufrechterhalten, Michael wusste nicht, dass das Geld auf seinem Konto für ihn ist, weil in den Verwendungszwecken stand ja immer drin, wofür es ist. Und aus diesen 12 000 Transaktionen hat Michael exakt die 18 rausgeholt, die falsch waren. Das heißt, er hatte ganz offensichtlich einen Überblick über das, was auf seinem Konto passiert. Und offensichtlich auch einen Überblick über die Verwendungszwecke, die auf seinem Konto vermerkt waren.

Michael Ballweg:

Zwischenzeitlich, am 23.März, wurde ja dann Anklage erhoben, am Landgericht, große Wirtschaftskammer. Als ich die im Gefängnis las, dachte ich: Absurder geht es nicht mehr. Die Staatsanwaltschaft hatte natürlich das Narrativ des Oberlandesgerichts – untauglicher versuchter Betrug – übernommen. Weil Anklage erhoben wurde, war die Haft eigentlich obsolet. Aber dann bekam ich einen großen Schreck, denn der Anklageschrift lag ein neuer Haftbefehl des Landgerichts bei, nach dem ich weiter in U-Haft bleiben müsste. Ich war geschockt und rief gleich am Morgen Ralf an und der sagte: »Sieht alles super aus.« Wie das? Ich hatte übersehen, dass der neue Haftbefehl nicht unterschrieben war, es war nur ein Entwurf.

Ralf Ludwig:

Mit der Anklageerhebung geht die Zuständigkeit für den Haftbefehl vom Amtsgericht zu der Kammer, die das Hauptverfahren führt. In dem Fall zum Landgericht. 10. Wirtschaftsstrafkammer. Und die Staatsanwaltschaft schickt gleich noch einen Entwurf des neuen Haftbefehls mit. Das machen sie gleich auf den Briefkopf des Gerichts, damit der Richter nur unterschreiben muss. Das ist Service. Sieben Sterne Service, der Richter muss nicht mal mehr lesen, nur noch unterschreiben. Das Landgericht hat uns vier Wochen Zeit gegeben, sowohl zum Haftbefehl als auch zur Anklageerhebung Stellung zu nehmen. Damit war klar, die Wirtschaftstrafkammer war nicht davon überzeugt, was die Staatsanwaltschaft hier vorgetragen hat. Sonst hätten sie diesen neuen Haftbefehl sofort erlassen müssen. Haben sie aber nicht gemacht, sondern haben gesagt, wir haben hier Zeit, wir gucken erst mal. Wir waren aber gleichzeitig in dieser Neunmonatsprüfung und das war so mega absurd, denn jetzt kommt ... jetzt kommt vom Oberlandesgericht der Beschluss zur Haftfortdauer. Da stand dann, Michael ist weiter dringend tatverdächtig, wir gehen davon aus, dass er das alles getan hat, die Fluchtgefahr besteht auch weiterhin und ... aus diesen Gründen ist er aus der Haft zu entlassen.

Verstehe ich das richtig: Er ist dringend tatverdächtig, will oder kann fliehen – aber wir lassen ihn frei?

Genau so steht es drin. Wie gesagt: mega absurd. Sie hatten offensichtlich diesen Beschluss zur Neunmonatshaftfortdauer schon fertig gemacht. Und unten drunter hätte eigentlich dann die Conclusio stehen sollen: Die Haft wird fortgesetzt. Sie haben sich dann aber rückversichert beim Landgericht, denn das Landgericht müsste den neuen Haftbefehl verkünden. Und das hat offensichtlich gesagt, aus unserer Sicht wird hier nichts verkündet. Und so war dann tatsächlich der Fall, dass Michael mit dem absurden Argument, er ist weiter dringend tatverdächtig und Fluchtgefahr besteht weiterhin – sie haben sogar reingeschrieben, wir gehen davon aus, dass er flüchten wird, weil er in Costa Rica in Ferien war -, und deswegen ist der Haftbefehl aufzuheben. Mit der einzigen Auflage, dass als Meldeadresse zwei Anwälte ihre Adressen geben, über die er geladen werden kann. Keine Kaution, keine Meldeauflagen, keine Fußfessel, gar nichts.

Da wird jemand sechs Monate in U-Haft gehalten, dann wird die U-Haft sogar noch verlängert. Und dann geht es nach neun Monaten zu der Strafkammer des Landgerichts, die dann endlich entscheiden soll, ist der Kerl schuldig oder unschuldig ...

Und dann lässt man ihn mit der Begründung »dringend tatverdächtig« und »Fluchtgefahr« frei? Das ist doch grotesk.

Ja. Aber das Oberlandesgericht ist jetzt nicht mehr zuständig. Zuständig ist jetzt das Landgericht, wo die Anklage erhoben ist, und diese Instanz muss jetzt entscheiden: Wir haben die Vermutung, dass er sich der Hauptverhandlung, die möglicherweise nicht eröffnet wird, entziehen wird.

Diese Vermutung hatte das Landgericht offenbar nicht, sonst würde Michael jetzt nicht hier sitzen.

Ja, jetzt wird es spannend. Am 23. März hat die Staatsanwaltschaft die Anklage erhoben. Heute ist der 30. August und die Anklage ist noch nicht zugelassen. Mehr als fünf Monate nach Erhebung der Anklage durch die Staatsanwaltschaft ist sie nicht einmal zugelassen, geschweige denn terminiert. Wie dringend ist da der Tatverdacht? Michael ist derzeit eigentlich ein komplett freier Mann, allerdings mit einer Anklage, die irgendwo im Hintergrund schwebt.

Michael Ballweg:

Du hast aber dann auch noch die Abweisung der Anklage beantragt.

Ralf Ludwig:

Nein, die Nichtzulassung. Aber ich habe mich jetzt wieder zurückgezogen für das Hauptsacheverfahren. Ich wollte ja nie Michaels Verteidiger sein. Ich war gut für diese Haftsache, weil ich da halt der Wadenbeißer bin, der mit Michael gut zusammengearbeitet hat. Ich kann den Wadenbeißer geben, aber eigentlich arbeite ich lieber dogmatisch. Doch jetzt braucht er erfahrene Anwälte, die sich auf eine Hauptsache-Verteidigung verstehen. Und Leute, die aus den Fachbereichen kommen. Wir haben da jetzt diese Steuersache, da hat Michael sehr gute Unterstützung ...

Michael Ballweg:

Professor Stefan Homburg macht das.

Ralf Ludwig:

Ja, sie haben schon gegen den steuerlichen Teil der Anklagerhebung vorgetragen, was dazu geführt hat, dass das Landgericht jetzt ganz viele Nachfragen gestellt hat im steuerlichen Bereich. Insbesondere hat das Landgericht jetzt die Nachfrage, die noch immer nicht beantwortet ist: Warum hat denn das Finanzamt eigentlich das Steuerverfahren eingestellt und die Staatsanwaltschaft hat es wiedereröffnet? Erklärt uns das bitte mal. Kennt sich die Staatsanwaltschaft besser mit Finanzen aus als das Finanzamt selbst? Die Antwort haben wir noch nicht.

Wir haben jetzt erst mal nur die Anklageschrift auseinandergenommen, die ja nur dann zugelassen werden kann, wenn sich das, was in der Anklageschrift steht, aus den Ermittlungsakten ergibt. Das muss übereinstimmen. Und wir haben hier jetzt drei Positionen, die finden wir gar nicht in der Ermittlungsakte. Sie benutzen da Zahlen und Summen, die es in der Akte gar nicht gibt. Die musste die Staatsanwaltschaft erfinden. Das Problem ist, die Staatsanwaltschaft hat mehr oder weniger gesagt, das Geld, das er bekommen hat und das er ausgegeben hat, stimmt überein, er wird aber noch mehr Geld gekriegt haben. Und das versuchen sie da irgendwie hinzubauen, mit Zahlen, die es nicht in der Akte gibt. Das ist der einzige Vortrag, den wir bisher dazu gemacht haben und das richtig schön in Tabellenform aufgebaut, Tabelleneinnahmen und Tabellenausgaben nebeneinander, Excel-Tabelle, farbig, so sauber aufgelistet, dass ein Achtjähriger das versteht. Damit ist klar, Michael hat mindestens genauso viel Geld ausgegeben, wie er eingenommen hat, das geht alles aus den Akten hervor. Und jetzt erklärt uns bitte mal, wie ihr hier eine Anklage zulassen wollt. Und seitdem, seit über fünf Monaten: Still ruht der See.

Damit haben wir den sehr surrealen juristischen Teil jetzt hinter uns. Und Michael wird am 4. April aus der JVA Stammheim entlassen. Wie ging das vor sich, wie hast du das empfunden?

Michael Ballweg:

Ich wusste gar nicht, dass ich am 4.4. rauskomme. Ich wusste es auch nicht an jenem Morgen, als ich wie immer mit Ralf telefonierte. Und dann, so gegen 13.30 oder 14 Uhr, wenn das Abendessen verteilt wird, kommt der Vollzugsbeamte, mit dem ich guten Kontakt hatte, grinst so komisch und sagt: »Herr Ballweg, ich habe heute eine schlechte Nachricht: kein Essen für Sie.« Weil er so grinste, ahnte ich, dass jetzt was passiert. Und dann hat er mir gesagt, ich sollte mal mit meinem Anwalt telefonieren. Dann habe ich gleich Ralf Ludwig angerufen, der schon unterwegs nach Stuttgart war. Und die freudige Nachricht empfangen, dass ich heute entlassen werde. Der Gefängnisdirektor würde jetzt gleich noch kommen, noch ein paar Details mit mir besprechen. Und ich könnte schon mal anfangen, auszuräumen und meine Sachen zu packen. Ich hatte tatsächlich ziemlich viel in meinem Haftraum, sehr viele Bücher, so ungefähr 30 wahrscheinlich. Auch noch Akten. Ich hatte so viele Sachen zugeschickt bekommen, dass ich vorher schon immer wieder Sachen wegschicken ließ zu meinen Eltern, eine Woche vorher hatte ich noch einige Kisten wegschicken lassen und schon ein bisschen ausgeräumt. Also irgendwie hab ich das wohl geahnt, dass das jetzt bald vorbei sein muss. Aber es waren immer noch so viele Sachen, dass es, als die Anwälte mit dem Auto kamen, nicht alles reingepasst hat. Die ganzen Briefe, die Post, die Bücher. Also auch im Gefängnis habe ich in der Fülle gelebt, nicht in der Armut. Es war mir immer wichtig, auf meinen Geisteszustand zu achten. Und dass ich eigentlich nie im Mangel war, nie das Gefühl hatte, dass es mir schlecht ging. Ich habe mich über die Dinge gefreut, die ich hatte. Dankbarkeit ist ein ganz großes Thema, dass man für die kleinen Dinge im Leben dann doch sehr dankbar ist. Für einen kleinen Brief. Oder dass ich mir Avocados kaufen konnte oder ein paar Äpfel hatte, dass ich gesund bin, dass mir keine Zahnfüllung rausgefallen ist. Ich habe freilich abgenommen.

Als ich entlassen wurde, kamen gleich so ein paar Leute und haben gesagt, der sieht doch viel zu gut aus, den haben sie doch gar nicht gefoltert, der war doch gar nicht hier im Gefängnis. Ich habe gut auf mich geachtet in der Zeit, jeden Tag Sport gemacht, jeden Tag meditiert, jeden Tag gelesen. Ich habe viele Briefe geschrieben, die ja auf der Webseite www.querdenken-711.de sind, wo ich die vielen Bücher, die ich gelesen habe, verarbeitet und auch politisch reflektiert habe.

Am Ende ist dann das eingetroffen, was ich lustigerweise in meinem ersten oder zweiten Brief geschrieben habe: Es geht hier um eine politische Strafaktion, es geht darum zu verhindern, dass sich eine außerparlamentarische Bewegung weiter etabliert und organisiert, es geht um die Strukturen, die ich letztendlich mit meinem Organisationstalent und über die IT-Sachen aufgebaut habe. Und so etwas will der Staat auf keinen Fall haben, handlungsfähige Strukturen. Darum ging es von Anfang an. Bis heute ist mein Vermögen beschlagnahmt. Ich bin also rausgekommen, aber man hat mir nichts zurückgegeben. Über eine Million Euro sind beschlagnahmt, alle meine Firmen beschlagnahmt, alle Bankkonten. Eigentlich müsste ich jetzt Bürgergeld beantragen.

Du kommst also mit deinem Koffer und den Klamotten, die du noch mitgenommen hattest, aus der JVA. Wohin ging es dann, dein Haus war ja verkauft ...

Ralf Ludwig und Dr. Reinhard Löffler haben mich abgeholt. Ich bin dann erst mal auf einem Bauernhof in der Nähe von Stuttgart untergekommen, weil ich gerne in der Natur sein wollte, Freiheit atmen. Vorher sind wir noch zum Dr. Löffler in die Kanzlei, dort habe ich meinen Hund in Empfang genommen, der mich etwas verschnupft begrüßt hat. Dee Dee, meine Hündin, war ein bisschen beleidigt. Bevor es dann in die Natur ging, habe ich aber dem Herrn Schuler, dem Ex-Politikchef der »Bild«, der jetzt für »Team Reichelt« arbeitet, noch ein Interview gegeben – aber das wurde von YouTube gleich wieder gelöscht. Da waren die in der Redaktion bei Reichelt total überrascht, dass hier ein Video gelöscht wird, das kannten sie nicht. Team Reichelt erfährt auf einmal: Wenn sie mit mir reden, wird gelöscht. Auch der CDU-Abgeordnete und Mainstream-Anwalt Dr. Löffler hatte gesehen, was in meinem Fall los ist, und meinte im Gefängnis zu mir: Das ist ja Nordkorea 2.0.

Wie war dein Zustand, abgesehen von dem Gefühl, endlich aus dem Knast raus zu sein?

Mein Zustand war sehr gut, ich bin dann gleich wieder am nächsten Samstag auf eine Demonstration und habe eine Petition gestartet für bessere Haftbedingungen in der JVA. Weil man dort 23 Stunden eingesperrt ist und praktisch alles, was wegen Corona einkassiert wurde an Freizeitangeboten, noch immer gestrichen ist. Und eben auch nicht mehr geplant ist, es wieder einzuführen.

Konntest du dich von deinen Kollegen, Kameraden, Mitgefangenen verabschieden?

Nein, weil ich mittags entlassen worden bin und mein Hofgang immer morgens um 10 war. Aber ich habe in der Form Tschüss gesagt, dass ich denjenigen, mit denen ich auf dem Hof viel Kontakt hatte, die Petition ins Gefängnis geschickt habe, damit die auch informiert sind, dass es weitergeht. Und dass ich tue, was ich versprochen hatte. Ich habe denen immer gesagt, spätestens wenn ich raus bin, kümmere ich mich auch darum, dass dieses Thema Haftbedingungen angegangen wird. Denn bis zum Schluss gab es Corona-Maßnahmen im Gefängnis …

Obwohl draußen schon alles längst gegessen war.

Genau. Der Gefängnisdirektor hat auch mal zu mir gesagt, Herr Ballweg, die mRNA-Impfung ist ein Geschenk Gottes. Und ich durfte ja meinen Anwaltsbesuch nur hinter Glasscheibe empfangen. Natürlich nur zu meinem Schutz. Er müsse mich ja schützen, hat er gesagt. Dass ich nicht beschützt werden wollte, hat keinen interessiert.

Aber der juristische Fall geht ja noch weiter.

Also eigentlich geht es nicht weiter. Die Anwälte haben dann die Klageerwiderung eingereicht. Mein Vermögen ist immer noch beschlagnahmt. Meine Firmen sind beschlagnahmt. Alle meine Konten sind beschlagnahmt. Ich musste mich dann darum kümmern, die ganze Abwicklung zu starten, weil ich ja nicht noch wegen Insolvenzverschleppung oder sonstiger Themen wieder Ermittlungen haben will. Wenn man neun Monate im Gefängnis war, ist jede Menge zu tun. Ich muss mich mit tausend Sachen befassen, IHK, Krankenkasse, GEZ usw. usf. Ich bin glücklicherweise bei jemandem untergekommen, der gesagt hat, du kannst hier bei mir wohnen. Ist nicht so einfach, wenn man kein Konto mehr hat, keinen Arbeitsvertrag, kein Vermögen, da kann man sich nicht einfach eine neue Wohnung mieten.

Du hattest aber jemanden, der gesagt hat, wenn du willst, kannst du bei mir wohnen.

Ja. Und wo ich auch einen offiziellen Wohnsitz anmelden durfte. Darüber bin ich sehr froh und sehr dankbar. Der hat nämlich gesagt, wenn die Polizei die Tür eintreten will, soll sie das doch machen. Ansonsten habe ich dann halt angefangen, mich relativ schnell wieder arbeitsfähig zu machen, Laptop zu organisieren, Handy zu organisieren, meine Backups wieder zu laden. Viele haben sich gewundert, dass ich mit meiner alten Telefonnummer noch weitermachen kann.

Hast du deine Laptops, Computer und so weiter wiederbekommen?

Nein, wo denkst du hin? Natürlich nicht. Es ist wirklich alles beschlagnahmt. Es gibt auch keine Anstalten, dass ich da irgendwas zurückbekomme. Die Staatsanwaltschaft gibt von alleine nichts zurück. Man muss wirklich gegen alles klagen. Und dann haben wir hier wieder das Henne-Ei -Prinzip: Anwalt kostet Geld, damit der was macht, und Geld habe ich keins. Also bin ich wieder auf Unterstützung angewiesen. Und die Frage ist ja auch, wie viel Energie willst du da reinstecken? Wenn du dann ein Laptop zurückkriegst, was noch 1000 Euro wert ist, aber der Anwalt kostet dich irgendwie 800 Euro oder 5000. Die haben bei mir sogar die teuren Bildschirme mitgenommen. Hätten sie gar nicht beschlagnahmen dürfen, denn im Durchsuchungsbeschluss stand ja nur drin, EDV oder Datenträger. Aber ein Bildschirm ist kein Datenträger. Das wissen die vielleicht nicht.

Ihr habt dann Ende April die Klageerwiderung eingereicht.

Ralf Ludwig:

Die Nichtzulassung der Anklage. Die Anklage umfasst jetzt zwei Themen, einmal das Thema Betrug und einmal die steuerlichen Themen.

Michael Ballweg:

Sodass ich jetzt doppelt Anwälte bezahlen muss für zwei Fachthemen. Also man hat mir nicht nur alles weggenommen, man achtet auch sehr ordentlich darauf, dass ich nicht mehr auf die Beine komme. Das Finanzamt hat mir jetzt schon einen Pfändungsbescheid geschickt, über 120 000 Euro für angebliche Einkommenssteuerschulden, die entstanden sind. Und ich weiß nicht, Ironie und Spaß scheinen sie auch zu haben, denn sie haben mir auch noch einen Lohnsteuerbescheid geschickt über 15 000 Euro. Und zwar genau für die Zeit, in der ich im Gefängnis war. Das ist alles surreal. Man muss schon mental recht stabil sein, um da mit Freude weiterzumachen.

Wenn das Gericht sich jetzt Zeit lässt und es möglicherweise gar nicht zu einem Verhandlungstermin kommt, oder erst in ein, zwei Jahren. Welche Möglichkeiten habt ihr da jetzt?

Ralf Ludwig:

Die Problematik ist, dass wir jetzt etwas härter vorgehen müssen in Bezug auf diese Arrestierungen. Eigentlich sagt die aktuell herrschende Meinung, die Arrestierungen folgen den Regeln über die Haft. Das heißt also: maximal sechs Monate. Nach sechs Monaten müssen die Arrestierungen auch wieder aufgehoben werden, wenn nicht eine Fortdauer angeordnet werden kann. Der Rechtsgedanke ist genau der gleiche. Wir haben einen Beschleunigungsgrundsatz innerhalb von sechs Monaten. Wenn das Landgericht aber die Anklage nicht erhebt, kann man doch nicht das gesamte Vermögen der oder des Beschuldigten festhalten. Also entweder wir haben einen dringenden Tatverdacht, weil wir die Anklage erheben können, oder wir haben es nicht. Die Problematik ist zudem, dass auf die formale Art und Weise jemand, der sich verteidigen will, sich nicht mehr verteidigen kann. Jeder, der eine führende Position in der Wirtschaft hat, weiß jetzt, wenn er sich irgendwas zuschulden kommen lässt – und wir können mittlerweile relativ viel konstruieren, was man sich zuschulden kommen lassen kann: irgendwelche Meinungsdelikte, Gedankenverbrechen oder Wirtschaftsdelikte, Steuerdelikte usw. –, kann sein Vermögen arrestiert werden. Das heißt, ich kann im Prinzip als Staat mittlerweile relativ leicht jemanden, der mir unbequem ist, nicht dadurch, dass ich ihn verurteile, ausschalten, sondern dadurch, dass ich einfach Vorwürfe gegen ihn erhebe und ihm damit jegliche Handlungsfähigkeit nehme. Entweder Handlungsfähigkeit durch Bewegungsfreiheit, indem ich ihn in Haft nehme, oder ich muss ihn nicht mal in Haft nehmen, sondern kann unter den gleichen Bedingungen wie die Haft unglaubliche Mengen an Vermögen beschlagnahmen. Und damit hat derjenige, dem das vorgeworfen wird, im Prinzip keine Möglichkeit mehr, sich angemessen zu verteidigen, weil er wirtschaftlich ruiniert ist.

Anders als in den USA kann der Anwalt bei uns auch nicht sagen: Okay, ich will jetzt kein Geld, aber wenn ich deine Millionen zurückhole, kriege ich 20, 30, 40 Prozent davon. Das ist in Deutschland nicht erlaubt. Der Anwalt kann nicht nur nicht sagen, ich kriege dann was anteilig, wenn ich für dich erfolgreich bin, sondern der Anwalt kann auch nicht sagen, ich kriege erst dann was, wenn du wieder frei bist. Der muss ja von irgendwas leben, seine Kanzlei auch wirtschaftlich am Laufen halten und so weiter.

Michael Ballweg:

Ich habe und hatte nichts mehr, außer 300 Euro auf dem Gefängniskonto. Da kann man auch keine Anwälte bezahlen.

Ralf Ludwig:

Vor allen Dingen kann man auch keine Experten engagieren. Gerade in einem Wirtschaftsverfahren geht es ja nicht nur um Anwälte. Es geht nicht darum, ob ich die Sachen verstehe, sie müssen ja auch sauber aufgearbeitet sein, buchhalterisch aufgearbeitet sein, steuerlich aufgearbeitet sein. Es braucht ein paar Experten, die das alles machen. Nur um steuerliche Vorwürfe bei Michael glattzuziehen, braucht es ein Team mit Expertise, das im Prinzip unbezahlbar ist. Die machen das jetzt aus Freundlichkeit bzw. aus Geneigtheit, aber auch alle Geneigten können das nur eine bestimmte Zeit machen. Es sind hier Verfahren, die sich über eine unglaublich lange Zeit erstrecken. Also neun Monate ist eine lange Zeit, kein Anwalt kann neun Monate pro bono arbeiten. Insbesondere so intensiv wie in diesem Fall.

Die Staatsanwaltschaft ist ja gehalten, Tempo zu machen. Solange jemand in U-Haft sitzt, muss zügig ermittelt werden, um rauszukriegen, ist das berechtigt, ja oder nein. Gibt es jetzt für das Landgericht, wo das Verfahren dann stattfinden wird, irgendeinen Hebel, mit dem man Beschleunigung erreichen kann?

Wir müssen unterscheiden. Wir haben das Haftverfahren, da ist Eile geboten. Wir haben das Arrestierungsverfahren, auch da ist Eile geboten. Fairerweise muss ich sagen, dass die Tatsache, dass das gerade nicht eilig betrieben wird, auch unser Verschulden ist. Das hat ein Kollege gemacht, der es nicht wirklich vorangetrieben hat. Michael bräuchte jetzt eigentlich auch für die Arrestierungen wieder einen Anwalt, der sich intensivst jeden Tag mehrere Stunden um diese Sache kümmert und Druck macht auf die Gerichte, damit die Arrestierung aufgehoben wird. Das müssten wir jetzt machen. Es ist eine relativ neue gesetzliche Situation mit diesen Arrestierungen, da sind noch viele Fragen, die zu klären sind. Das Hauptsacheverfahren darf man damit nicht vermischen, da ist es Michael doch egal, ob es in ein, zwei oder drei Jahren stattfindet, weil seine Bedingungen relativ moderat sind. Er kann reisen und muss sich nur zur Verfügung halten. Natürlich schwebt dieses Damoklesschwert der Hauptverhandlung weiter über ihm. Aber im Prinzip ist Michael, außer mit den Arrestierungen, die aber ein separates Verfahren sind, nicht belastet.

Und hier sind wir jetzt wieder bei der Problematik: Es geht um 1,14 Millionen, und wenn der Anwalt das übernimmt, muss Michael – es ist ja immer streitwertabhängig – dem Anwalt dafür erst mal 30 000 Euro auf den Tisch legen, die er nicht hat. Und dann kommt das Finanzamt noch mit Pfändungsbeschlüssen. Jetzt ist es so, dass die 1,14 Millionen arrestiert sind wegen des versuchten Betrugs, von dem die Staatsanwaltschaft selber nicht mehr ausgeht. Aber jetzt wird ein Steuerschaden obendrauf gepackt, sodass das beides quasi wieder die Summe ausmacht, die sie vorher schon arrestiert haben wegen Betrugs. Und das heißt, wenn er jetzt Geld sammelt für sein Konto, würde dieses Konto sofort gepfändet vom Finanzamt. Wenn du ihm jetzt ein Darlehen geben würdest und das Finanzamt bekäme das spitz, dass du ihm ein Darlehen gegeben hast für die Kosten des Anwalts, dann dürfte das Finanzamt sofort in diese Kosten reinpfänden. Das heißt, Michael müsste jetzt so viele Darlehen oder Schenkungen aufnehmen, wie möglich sind, um die behaupteten Steuerschulden des Finanzamts zu bezahlen, und erst dann kann er Geld bekommen, um seine Anwälte zu bezahlen. Und so ist er im Prinzip handlungsunfähig.

Michael Ballweg:

Ist das nicht möglicherweise ein Plan, um eben strukturell diejenigen, die dem Staat unlieb sind, sofort aller Finanzmittel zu berauben, damit sie wehrlos sind? Das ist doch der Punkt. So macht man Menschen wehrlos.

Den Sinn dieses neuen Vermögensabschöpfungsgesetzes habe ich so verstanden, dass man zum Beispiel dem Clan-Chef in Neukölln, der hopsgenommen wird, seine drei Mietshäuser beschlagnahmen kann, damit er sie nicht schon, bevor es zum Verfahren kommt, an seine Cousins und Cousinen übertragen kann. So habe ich das laienhaft verstanden …

Ralf Ludwig:

Auch der Clan-Chef ist erst mal noch unschuldig, nicht verurteilt.

Das heißt, wir sind hier im »Minority Report«. Wir nehmen im Vorfeld schon mal das Geld weg, weil ein dringender Verdacht besteht. Wenn du jemanden nicht auf frischer Tat ertappt hast, hast du nur einen Verdacht. Und dann hast du wieder diese furchtbaren Staatsanwälte, die Richter, die dich am Tisch festbinden und ihre Entscheidungen treffen.

Wenn du so einen Clan-Chef am Wickel hast, der schon lange im großen Stil mit Heroin handelt und ein großes Vermögen hat, und während er in U-Haft sitzt, verschwindet das ganze Vermögen, da macht eine solche Arrestierung doch Sinn, oder?

Noch mal, der Mann ist immer noch unschuldig. Ich will ein anderes Beispiel erzählen. Nehmen wir an, nächstes Jahr dreht sich der Wind, weil Michael erfolgreich war, und die Gesellschaft sagt: Alle Ärzte und auch Apotheker, die geimpft haben, haben rechtswidrig geimpft. Sie haben sich Vermögen angeeignet, ohne dass sie richtig aufgeklärt haben. Sie haben das gewerblich im großen Stil gemacht. Und weil wir jetzt nicht wissen, ob diese Ärzte und Apotheker richtig aufgeklärt haben oder nicht, nehmen wir ihnen erst mal das vermutete Vermögen plus die Kosten, die das Verfahren kosten wird, plus die Strafe, die sie zahlen werden. Das heißt also, wir nehmen jemandem, der möglicherweise 1,5 Millionen eingenommen hat, erst mal 3 Millionen weg. Und der sitzt dann da und kann sich jetzt nicht mal einen Medizinrechtler leisten, der für ihn das Gutachten schreibt und sagt: Moment mal, dieser Impfstoff war doch zugelassen, er hat von seiner Kammer die zugehörigen Informationen gekriegt, er hat entsprechend aufgeklärt usw. Aber der Staat sagt erst mal, nein, wir vermuten, dass es eine Straftat war, und nehmen dir erst mal das Geld weg, damit du es nicht irgendwohin verschaffst.

Die Clan-Chefs, die als Begründung für das Arrestierungsgesetz immer angeführt werden, dienen als moralische Rechtfertigung. Wie viele Clan-Chefs haben wir denn in Deutschland? Sie werden als das Beispiel genommen, um aus einem Ausnahmefall eine Regel zu machen. Die dann auf die sauberen Geschäftsleute, die man einer Steuerstraftat verdächtigt, angewendet wird.

Michael Ballweg:

Du hast ja außer Vermögen auch so was wie laufende Kosten. Eine Familie, ein Haus usw. Das hatte ich jetzt alles nicht und dazu Glück, dass meine Kinder schon groß waren und meine Frau und ich uns gerade getrennt hatten. Aber du läufst direkt in die Insolvenz und deine ganze Familie natürlich mit dir.

Ralf Ludwig:

Die Argumentation ist immer die mit den üblen Clan-Chefs, aber wen trifft es tatsächlich? Da sind wir bei den Grundrechten, Grundrechte sind Abwehrrechte gegenüber dem Staat. Aber diese Abwehrrechte muss ich ja auch wahrnehmen können.

Michael Ballweg:

Und dann sagt der Gefängnisdirektor: Mit dem Pflichtverteidiger sind wir ja vielen anderen europäischen Ländern voraus. Ein Pseudo-Argument. Denn der macht ja gar nichts und kriegt nur 500 oder 1 000 Euro.

Ralf Ludwig:

Ein weiteres Beispiel. Mathias hat gestern erzählt, dass er vor über 20 Jahren mal verurteilt wurde, weil er mit seiner Firma verbotene Hanfsamen als Vogelfutter verkauft hat. Hätte es das Abschöpfungsgesetz damals schon gegeben, hätte der Staatsanwalt hochgerechnet, wie viel Kilogramm Marihuana man mit diesem Vogelfutter hochziehen kann – sagen wir 1 000 Kilogramm –, und weiter, dass dies einen Marktwert von, sagen wir, 5,6 Millionen hat. Dann würden 5,6 Millionen deines Vermögens arrestiert mit der Begründung, dass diese Vogelsamen so viel wert gewesen sind. Und das Finanzamt sagt dann noch, auf diese entgangenen Gewinne musst du noch Einkommensteuer zahlen. Und du hast keine Möglichkeit, dich zu verteidigen, dir sind die Hände gebunden.

Die Staatsanwaltschaft hat in ihrer Anklage damals tatsächlich vorgerechnet, wie viel Tonnen Marihuana aus den 50 Kilo Hanfsamen gewonnen werden können. Mir scheint, dass dieses Vermögensabschöpfungsgesetz dringend überarbeitet werden muss. Um auf unseren Fall zurückzukommen, müsste zumindest ein Beschleunigungsgrundsatz rein ...

Ralf Ludwig:

Es müssen zwei Dinge sein. Zuerst muss es eine Obergrenze geben, 100 000 müssen zur Verteidigung zur Verfügung stehen. Das kann man zweckgebunden machen, es darf demnach nur für Anwälte verwendet werden oder für Gutachter. Was die Beschleunigung betrifft, ist es aber ein Problem, wenn nach sechs Monaten dieses Vermögen wieder freigegeben werden muss. Das führt nur dazu, dass die Verurteilungswahrscheinlichkeit nach oben geht. Das heißt, der Druck auf die Richter, denjenigen dann zu verurteilen, dass die Straftat doch passiert ist, steigt. Das heißt, sie ermitteln dann schneller und verurteilen schneller und härter. Die einzige Idee ist wirklich, dass man diese Vermögensabschöpfung mit einem Freibetrag macht: Für ein Wirtschaftsverfahren braucht der Angeklagte 100 000 Euro im Monat, pro Monat Haft muss ihm dieser Betrag zur Verfügung gestellt werden. Zweckgebunden, meinetwegen auf einem Anderkonto beim Amtsgericht. Aber er muss die Möglichkeit haben, sich zu verteidigen.

Der Punkt ist, wenn sie dir in Amerika, weil du einen Joint rauchst, dein Auto beschlagnahmen und dich der Dealerei verdächtigen, aber du wirst freigesprochen und kriegst dein Auto wieder, dann kommt auch noch ein Schadenersatz von 200 000 obendrauf. Und aus diesen 200 000 Dollar finanzieren sich die Anwälte. Sie wissen, es gibt diesen Strafschadenersatz. Michael würde jetzt – es wurde großzügig erhöht in Deutschland – 75 Euro Ersatz pro Hafttag kriegen, wenn er freigesprochen wird. In Amerika ist der Schadenersatz, den der Staat, wenn er einen Fehler macht, zahlen muss, erheblich höher, und die Anwälte dürfen eben Vereinbarungen machen, die sie prozentual daran beteiligen.

Michael ist einer, der früher 2 000 Euro am Tag verdient hat, das heißt, der Staat müsste ihm mindestens 2 000 Euro Schadenersatz pro Tag bezahlen. Und ich könnte mit ihm einen Deal machen und sagen, okay, 70 Prozent kriege ich, 30 Prozent du. So kalkulieren in den USA die Anwälte. Das heißt, in den USA greift der Staat möglicherweise härter zu, aber er muss zielsicher zugreifen, weil, wenn er das nicht tut, kommen die Anwälte und holen sich das Geld zurück.

Das heißt, ihr könntet jetzt, um die Arrestierung von seinem Vermögen aufzuheben, so ähnlich wie bisher das Gericht jeden Tag mit Schriftsätzen hartnäckig auf Trab halten, wie ihr es während der Untersuchungshaft gemacht habt.

Michael Ballweg:

Die Frage ist immer, wo setzt man jetzt seine Energie hin? Und will man das auch tun? Ralf kümmert sich jetzt ums ZAAVV, das Zentrum für Aufklärung, Aufarbeitung, Verfolgung und Verhinderung. Ich habe Interesse daran, mich um die Querdenkenorganisation zu kümmern, nur weil ich jetzt in Haft war oder die sichtbaren Maßnahmen ein Stück weit zurückgefahren sind, ist unser Kampf ja nicht vorbei. Und da muss man sich natürlich genau überlegen: Wo bewege ich mich im Spielfeld?

Ich bin natürlich in einer ganz besonderen Situation, der ich mir auch bewusst bin. Ich habe sowohl 8 000 Briefe ins Gefängnis wie auch über 300 Einladungen bekommen, ich könnte jetzt tatsächlich wahrscheinlich fünf Jahre reisen in ganz Europa. Wenn ich überall eine Woche bliebe, wäre die Zeit schnell vorbei. Da sind wir jetzt wieder bei dem Thema Spielfeld und wie viel Freude ich daran habe. Da die Lebenszeit generell begrenzt ist, muss man sich sauber überlegen, wo packe ich meine Energie hin. Und man darf es auch nicht unterschätzen, es dauert dann schon eine Zeit lang, wenn man neun Monate weg war, bis man wieder in der Spur ist. Es dauert halt alles jetzt zehnmal so lang wie früher. Ich hatte früher ein perfekt funktionierendes Büro, eine Assistenz, ein Softwareentwicklungsteam, einen Steuerberater, und jetzt habe ja nicht mal mehr ein Konto, kann keine Überweisung machen, niemanden anstellen, niemanden bezahlen.

Ralf Ludwig:

Michael ist rausgekommen und war komplett vernetzt, Freunde, Einladungen, Anwälte, Professoren, Journalisten ... er wurde aufgefangen, Leute stellen ihm Wohnungen, ein Auto usw. zur Verfügung und er sagt trotzdem, dass er sich teilweise hilflos fühlte, Dinge nicht mehr einfach so machen konnte wie vorher. Und jetzt stell dir mal einen Menschen vor, der einfach nur vor das Tor geschoben wird, mit seinem Koffer, maximal 500 Euro in der Tasche, und dem wird jetzt gesagt, so, jetzt leb mal wieder. Aber alles ist kaputt. Nichts ist mehr klar, hat er denn seine Wohnung noch, sind in der letzten Zeit seine Sachen bezahlt worden, allein die GEZ? Da kommt der Gerichtsvollzieher und sagt, übrigens diese 500 Euro sind für die GEZ, die du in der Zeit nicht bezahlt hast.

Wenn selbst einer wie Michael sagt, ich muss erst mal wieder eine Spur finden, und das mit wirklich tausendprozentiger Unterstützung, was ist dann mit den Menschen, die ohne jegliche Unterstützung rauskommen? Die stehen da, und dann reden wir über Rückfallquoten. Das ist wirklich ein Punkt, der in unserer Gesellschaft völlig ausgeblendet wird.

Michael Ballweg:

Was man auch nicht unterschätzen darf, ist der Aufwand. Struktur aufbauen, kostet viel Zeit und Geld, also eine Gesellschaft, eine AG gründen und so weiter, aber eine AG auch wieder auflösen, kostet noch mal genauso viel Zeit und noch mal viel Geld. Und da bei mir eben alles blockiert ist, mehrere Gesellschaften, meine Stiftung, meine AG in der Schweiz, meine GmbH, meine Einzelfirma, bist du erst mal beschäftigt ohne Ende.

Ralf Ludwig:

Michael hat jetzt erzählt, wie man stabil durch die Situation der Haft kommt, aber das Trauma – und auch er ist dort drin traumatisiert worden – kommt erst danach. Also da drin hast du natürlich eine gewisse Art von Adrenalin, hast eine gewisse Mauer, die du aufbaust, einen Schutz, sei es über Meditation, du kannst es positiv oder negativ aufbauen, aber du baust dir erst mal den Schutz auf. Doch in dem Moment, wo du rauskommst, geht das Gedankenkino los, du hast dann auch noch Angst, noch nichts ist klar. Michael ist ja auch in einer Situation, dass er gar nicht weiß, ob er noch mal wieder rein muss, ob er verurteilt wird, und so weiter. Du kommst aus einer haltlosen Situation, wo du dir mit mentaler Stärke Halt verschaffst, und bist eigentlich weiterhin in einer haltlosen Situation.

Auf mich macht er im Moment einen psychisch sehr stabilen Eindruck.

Michael Ballweg:

Ja, wobei es harte Arbeit ist, muss man schon sagen. Ich habe auch festgestellt, dass ich ein Trauma habe, und habe mich in eine Traumabehandlung begeben. Aber auch da hatte ich eben das Glück, dass es Menschen gibt, die einfach gesagt haben, du kannst vorbeikommen, ich kümmere mich darum, egal ob es jetzt eine osteopathische Sache ist oder eine Gesprächstherapie. Also man darf das tatsächlich nicht unterschätzen. Ansonsten hilft mir wieder meine gesunde Naivität, die ich schon vorher hatte, und mein Grundvertrauen ins Universum, dass schon alles gut ist, so wie es ist. Es ist schon diese Entwurzelung, dass man mich aus meinem Haus rausreißt, und dann spuckt man mich aus dem Gefängnis wieder aus und dann bist du halt irgendwo ... auf hoher See unterwegs. Es hat tatsächlich ein bisschen gedauert, bis ich damit klarkam.

Letztlich bleibt also jetzt nichts anderes als warten. Mein laienhafter Gedanke ist, dass das Landgericht, wenn sie wirklich etwas hätten gegen dich, das Hauptverfahren schon eröffnet hätte.

Ralf Ludwig:

Die Problematik ist, dass an dem, was von der Staatsanwaltschaft vorgeworfen wird, quasi nichts dran ist. Und eine Wirtschaftsstrafkammer hat sehr viel zu tun. In Stuttgart haben wir gerade einen großen Klinikskandal, da geht es auch um ganz andere Summen.

Tatsächlich ist es für mich unverständlich, dass das Landgericht jetzt nicht weitere Fragen an die Staatsanwaltschaft gestellt hat bezüglich dieses Betrugsvorwurfs. Aus meiner Sicht müssen sie das tun, weil, wie gesagt, der Vorwurf sich aus der Akte nicht ergibt. Und sie können das Strafverfahren nicht eröffnen, ehe nicht das, was vorgeworfen wird, auch in der Akte auffindbar ist. Deswegen bin ich gerade sehr verwundert. Ich bin nun kein Strafrechtler, der das ständig macht, aber meine Prognosen haben sich doch recht häufig bewahrheitet, und ich gehe davon aus, dass sie politischen Druck haben. Möglicherweise nicht so, dass der Justizminister oder die Justizministerin dort angerufen und gesagt hat, hier müsst ihr was tun, sondern der öffentliche Druck.

Und jetzt sitzt da der Richter, der Jurist, der sich dieses Ding mit seinem juristischen Herzen durchliest und sagt, oh mein Gott, was mache ich damit eigentlich? Jeder hat von Michael Ballweg gehört, jeder weiß, was Querdenken ist, jeder weiß, wie die gesellschaftliche Situation, wie der öffentliche Blick auf Querdenken ist usw. – aber juristisch ist da nichts dran. Doch wenn ich es nicht eröffne, was ist dann in diesem Land los? Also, es bräuchte jetzt einen, sag ich mal, einen mutigen Richter ...

Michael Ballweg:

Generell brauchen wir eigentlich eine Aufarbeitung von Corona, so wie in anderen Fällen eine Generalamnestie und natürlich auch den entsprechenden Schadenersatz. In Slowenien gibt es das, sogar im »autoritären« Russland. Alle Verstöße gegen die Corona-Regeln sind hier amnestiert.

Das Schlimme ist, du sagst gerade, wir brauchen einen mutigen Richter. Das finde ich eine ganz furchtbare Aussage, aus deiner Sicht verständlich vielleicht, aber wir brauchen keine »mutigen

Richter«, sondern wir brauchen »Richter«, die ihren Job machen. Nach dem Buchstaben des Gesetzes handeln. Ich will auch keine mutigen Journalisten. Ich will Journalisten, die ihren Job machen. Die sauber recherchieren und das auch berichten. Ich verlange von einem Journalisten nicht, auf einer Seite zu stehen, sondern sauber zu arbeiten. Das verlange ich von einem Richter, das verlange ich von einem Wissenschaftler und von jedem anderen auch.

Ich bin Unternehmer, ich weiß, wie man Dinge unternimmt und wie ich mich wiederaufrichte. Ich habe in den letzten drei Jahren gelernt, wir leben in einer Demokratiesimulation, und ich habe gelernt, wir leben in einer Rechtsstaatssimulation.

Ich glaube, dass zumindest die Staatsanwaltschaft und die Gerichte, die praktisch nur aus den Mainstream-Medien informiert sind, ihrer eigenen Propaganda auf den Leim gegangen sind. Und deshalb ist es jetzt für mich auch total spannend, wie es weitergeht. Denn wir werden auf jeden Fall Öffentlichkeit haben, und Dr. Löffler hat gesagt, wenn sie dich anklagen, nutzen wir das groß, die Reichweite, um Querdenken zu rehabilitieren. Denn die Presse muss dann auch schreiben und kann nicht einfach nicht berichten. Können vielleicht schon, aber weiß man nicht. Eigentlich stehen sie mit dem Rücken zur Wand.

Aber egal, was sie tun, am Ende werden wir den Ball für uns aufnehmen und werden ihn für uns verwandeln. Denn wenn sie mich anklagen, nutze ich natürlich dieses Verfahren, um über all die Dinge zu sprechen und immer wieder zu sprechen und repetitiv zu sprechen. Also all das, was jetzt während der Haftprüfungstermine und so weiter ignoriert wurde, kommt dann in der Hauptverhandlung auf den Tisch Da müssen sie auch den Steuerberater als Zeugen hören und, und, und; und vor allem ist es dann öffentlich, nicht mehr hinter verschlossenen Türen. Das wird immer mehr Menschen zum Nachdenken bringen, und irgendwann kippt die ganze Sache.

Ralf Ludwig:

Wenn jetzt ein Verfahren noch mal notwendig ist, um da noch mehr Öffentlichkeit zu erreichen, wird klar werden: Die Querdenker, auch Michael Ballweg, machen das Ganze nicht für sich. Wenn Michael Ballweg das für sich hätte machen wollen, wenn es ihm zum Beispiel um Geld gegangen wäre, dann hätte er entweder seine Akademie weitergemacht oder hätte ein Testzentrum aufgemacht, da hätte er Geld machen können. Das heißt, Michael hat einen Sinn hinter dem, was er tut, und sein Sinn ist, die Demokratie zu retten. Die Richter, die Staatsanwälte, die Behördenmitarbeiter und auch die Politiker, die haben theoretisch den Auftrag, Repräsentanten des Staates zu sein. Der Richter, der dasitzt, ist der Repräsentant der Rechtsstaatlichkeit, und seine Aufgabe ist es, die Rechtsstaatlichkeit in Deutschland aufrecht zu halten. Er denkt aber in der Regel nicht an die Rechtsstaatlichkeit, er denkt an sich, an sein Fortkommen, an seine Karriere und so weiter. Und genau deswegen ist es mittlerweile in Deutschland so, dass nur noch 23 Prozent der Menschen überhaupt noch den Institutionen in diesem Land vertrauen und 77 Prozent nicht. Und mit jedem Tag, wo solche Entscheidungen fallen wie die mit Michael, geht das Vertrauen in die Institutionen ein Stück weiter kaputt. Und die Umfragewerte der AfD ein Stückchen weiter nach oben.

Das Problem ist: Politik und Justiz müssten im Prinzip Fehler zugeben und damit möglicherweise Personen opfern für das große Ganze eines Zusammenhalts dieser Gesellschaft. Sie können jetzt überlegen, ob sie entweder, um es mal brutal zu sagen, ihren Arsch retten und den Zusammenhang unserer Gesellschaft delegitimieren oder ob sie den Mut haben, Fehler zuzugeben, sich selbst in Gefahr zu begeben, mutig zu sein und für den Rechtsstaat, für Demokratie, für Grundrechte weiter einzustehen und nicht zuzulassen, dass unser Rechtsstaat kaputt geht. Das wäre ihre Aufgabe. Aber die meisten haben diesen Mut nicht. Und deswegen ist Michael ihnen immer überlegen. Sie glauben, mit Michael umgehen zu können wie mit jedem x-beliebigen Gefangenen, der eigentlich nur sich selbst retten will. Und Michael will ja gar nicht seinen Hintern retten. Er sagt, wenn ihr mir das antut, dann tut ihr es eben, aber ich ertrage das alles – für einen größeren Zweck.

Michael Ballweg:

Eine Zeit lang hatte ich mal gedacht, dass der Verfassungsschutz diesen Tatbestand »Delegitimierung des Staates« praktisch erfunden hat, damit sie die diejenigen Politiker und Akteure, die den Staat tatsächlich delegitimieren, beobachten und das dokumentieren können. Davon ist aber bisher noch nicht viel zu sehen, vielleicht passiert es im Hintergrund, wer weiß. Aber zumindest in unserem Verfahren haben wir genau und ganz sauber geschaut, wer den Staat denn wirklich delegitimiert, und das sind im Moment tatsächlich die staatlichen Akteure.

Du bist jetzt wieder ein freier Mensch, die Vermögensarretierung ist zwar immer noch in Kraft, aber du hast ein Netzwerk von Freunden, die dich aufgefangen haben und dir helfen. Das Gefängnis hat aber offenbar nicht dazu geführt, dass du jetzt sagst: Okay, ich lasse Querdenken, den ganzen Kram, jetzt auf sich beruhen und schaue, dass ich mein Unternehmen wiederaufbaue. Wäre ja denkbar ...

Nein, wäre nicht denkbar. Ohne Konto keine Firma. In das Alte kann ich nicht zurück, aus zwei Gründen. Zum einen lassen es die Rahmenbedingungen im Moment gar nicht zu, und das zweite ist, dass ich ein anderes Mindset habe. Wir leben in einer Zeit mit viel Veränderung. Ich habe mich auf den Pionierweg gemacht, könnte man sagen, und diesen Pionierweg gehe ich jetzt weiter. Ich wurde rausgeschmissen aus dem System und arbeite jetzt weiter an alternativen Möglichkeiten. Zum Beispiel: Wie kann ich ohne ein Konto leben mit Bargeld und Bitcoin. Bargeld für lokale Transaktionen, Bitcoin für Transaktionen, bei denen man eine gewisse Distanz überbrücken muss. Wie kann die Querdenken-Organisation strukturiert werden und welche Veränderungsprojekte können wir anbieten. Wie steigen wir bei den Digitalkonzernen aus, mit einem Google- und Apple-freien Handy. Und der dritte Strang – der juristische Fall ist ja noch nicht abgeschlossen – ist die rechtliche Aufarbeitung des Ganzen.

Mir ist sehr bewusst geworden – wir haben ja eben darüber gesprochen –, dass die Regierung, die Medien und die Digitalkonzerne das Vertrauen komplett verspielt haben. Elon Musk hat es gerade sehr clever gemacht. Er hat eine kaputte Marke gekauft, in die die Leute das Vertrauen verloren haben, und gesagt, ich mache Twitter jetzt zu etwas, das wieder für Meinungs- und Informationsfreiheit steht. YouTube ist aus meiner Sicht schon tot, und wenn eine Marke kaputt ist, kann ich sie nur noch eine gewisse Zeit lang durchs Dorf treiben. Das wird jetzt spannend, was die Digitalkonzerne tun – und was wir tun. Wir leben in einer spannenden Wendezeit. Früher war mein Lebenssinn, Geld zu verdienen, jetzt ist mein Lebenssinn, sich mit den interessanten Dingen der Wandlung, der Veränderung zu beschäftigen ...

Also nicht zurück ins Hamsterrad gehen, sondern Ausschau nach Alternativen halten.

Genau, deshalb hat sich für mich jetzt nie die Frage gestellt, gehe ich in mein bürgerliches Leben zurück …

… sondern dass du weitermachst, als Dissident und Pionier?

»Dissident« ist für mich ein negativ konnotiertes Wort, deshalb sage ich lieber positiv »Pionier«. Wenn du zum Beispiel die Tour de France siehst: Das Peloton hinten denkt vielleicht, der Ausreißer, der da vorne fährt, ist nur ein Außenseiter, aber am Ende müssen sie ihm hinterher, denn er kriegt das gelbe Leibchen und wird von zwei hübschen Frauen geküsst.

Ralf Ludwig:

Der Vergleich mit der Tour de France ist gut. Das Peloton, das hinten fährt, das ist die Mehrheit, das ist die Masse, aber die ist hinten dran. Und die versteht möglicherweise gar nicht, was die da vorne tun. Und trotzdem ist Michael da vorne, und ein paar fahren mit, ein paar halten mit.

Michael Ballweg:

Wir geben das Tempo vor, das ist ein wichtiger Punkt. Wir müssen weiter Tempo machen, dürfen nicht warten, bis das System uns mit seinen Mechanismen überrollt. Wir warten nicht darauf, dass wir bei YouTube rausgeworfen werden, sondern kümmern uns proaktiv darum, dass wir eine alternative Plattform haben. Wir warten nicht, dass wir bei den Banken rausgeschmissen werden, weil wir irgendwann mal vielleicht eine Demokratiebewegung, wie auch immer sie heißt, unterstützen und dann unser Konto gekündigt wird, wie es in Kanada der Fall bei denen war, die die Trucker-Proteste unterstützt haben. Die Welt, die wir wollen, müssen wir uns selbst erschaffen. Das wird die Gegenseite nicht machen, die Gegenseite hat einen anderen Plan und der steht fest mit der Agenda 2030. Die Gegenseite legt uns Steine in den Weg …

Und du schaust anders darauf, weil du Querdenker bist?

Ich war schon immer in gewisser Weise Querdenker. Die großen Unternehmen haben mich dafür bezahlt, dass ich bei ihnen querdenke, über den Tellerrand schaue und Beratung mache. Letztlich nach dem Hegel-Prinzip: These, Antithese, Synthese. Die Querdenker sind für die Antithese zuständig, sage ich mal. Querdenken war die Antithese zur Coronapolitik im Besonderen und im Allgemeinen zur Aufweichung des Rechtsstaats, der Meinungsfreiheit, der Grundrechte.

Aber du, so habe ich es verstanden, willst nicht mehr in das Alte zurück, aber auch nicht bei der Antithese stehen bleiben, sondern an einer neuen Synthese arbeiten …

Ja, ich muss es noch härter sagen: Ich bin auch nicht mehr bereit, für diesen Staat Steuern zu erwirtschaften, mit denen er dann die Maßnahmen finanziert, die er gegen mich und gegen die ganze Bewegung anwendet, oder mit meinen Steuern Waffen kauft oder viele Dinge tut, die ich nicht möchte. Ich habe einen Brief aus dem Gefängnis geschrieben über Arbeitsverminderung als Mittel des friedlichen Widerstands …

Des Rechts auf Faulheit.

Ich nenne es nicht das Recht auf Faulheit, aber es gibt hier ein System, und dieses System erzeugt sich jeden Tag neu, weil wir ihm Aufmerksamkeit geben, weil wir weitermachen wie gestern. Wenn ich jetzt auf eine Demo gehe, und dann erwarten die Leute, es ändert sich etwas über eine Demo, wird das natürlich nicht passieren, wenn ich am Montag wieder ganz normal arbeiten gehe. Wenn ich ganz normal bei den Parteiprogrammen mitmache, die sich ja auch über die Wahlen und über das große Theater finanzieren, das sie abspulen, wenn wir uns unsere Aufmerksamkeit die ganze Zeit von den Medien wegnehmen lassen und gar nicht in die Veränderungen kommen. Wenn wir weiter ein Geldsystem verwenden, von dem wir wissen, dass es am Ende ist, wenn wir die Digitalkonzerne nutzen, wo wir wissen, dass sie uns zensieren und überwachen. Wie soll sich da etwas verändern?

Es gibt diesen schönen Satz von Gandhi, den man verstehen muss: Sei selbst die Veränderung, die du sein möchtest. Und ich glaube, wenn wir uns als Individuum ändern, dann ändert sich das Kollektiv und darüber ändert sich dann auch die Gesellschaft. Anders kann es nicht gehen. Es sei denn, wir möchten das, was die andere Seite möchte, die autoritär von oben nach unten diktiert, wie wir sein sollen.

Die gute Nachricht ist: Verändern müssen wir uns sowieso. Veränderung tut immer weh, das weiß ich, aber dann verändern wir uns doch lieber so, wie wir es wollen.

Mit Corona ist ja einiges kaputt gegangen in der Vorstellung der Menschen, dass wir in einem Rechtsstaat leben und am Ende alles gerecht entschieden wird und in einer Demokratie, wo sich am Ende die gesunde Mehrheitsmeinung durchsetzt. Jetzt haben wir gerade darüber gesprochen, dass 70 Prozent den Institutionen, den Parteien, den Medien nicht mehr wirklich trauen in Deutschland. Wie siehst du das, wie können wir unsere Demokratie reparieren?

Es geht nur von unten nach oben. Es gibt ja keine außerparlamentarischen Bewegungen in Deutschland, die wurden immer zerschlagen. Jetzt habe ich angefangen mit einer außerparlamentarischen Bewegung, die den Vorteil hatte, dass ich sie mit meinen Finanzmitteln starten konnte. Jetzt hat man mir das Geld praktisch weggenommen, und es stellt sich die Frage, wie können wir es finanzieren. Wir haben den Nachteil gegenüber Parteien, die haben eine Parteienfinanzierung. Ich habe Ralf dann angerufen und gesagt: Wir könnten doch die Nichtwählerpartei gründen, die praktisch als einzigen Parteipunkt die Finanzierung der außerparlamentarischen Bewegung hat. Aber das Parteienfinanzierungsgesetz, sagt Ralf, gibt das leider nicht her. Im Moment haben wir, glaube ich, als außerparlamentarische Bewegung noch den Luxus, dass wir durchatmen können, weil viele Menschen noch ans Parteiensystem glauben, die AfD gewinnt laut Umfragen dauernd dazu, aber ich glaube, die Leute werden bitter enttäuscht werden. Dann wird wieder die Zeit der außerparlamentarischen Bewegung kommen. Ich denke, die Menschen, die jetzt noch sagen, ich glaube ans Parteiensystem, wollen sich einfach vor der Veränderung drücken und sagen, ich wähle jetzt den Nächstbesten, und der macht mein Leben schöner. So funktioniert es aber nicht. Mein Leben wird schön, indem ich mich darum kümmere, und nicht, indem ich die Verantwortung für mein Leben an andere delegiere.

Die Frage ist ja, wie kommen wir in eine lebendige Demokratie, in eine direkte Demokratie, wenn wir über Reparatur sprechen, und da sind wir wieder bei den Medien. Wenn ich eine direkte

Demokratie haben will, brauche ich auch eine offene Debatte und kritische Journalisten, die die Themen breit beleuchten und nicht sagen, beim nächsten Votum musst du dein Kreuz bei Ja oder bei Nein machen.

Ohne eine wie auch immer aussehende parlamentarische Vertretung wird aber es nicht gehen, denke ich. Ich war, als das Internet aufkam, Ende der 80er, Anfang der 90er Jahre, öfter in Kalifornien und die progressiven Geister hatten da die Idee, wir können alles digital machen, direkt voten und so weiter. Davon redet doch heute niemand mehr …

Wenn wir über das Thema direktere Demokratie sprechen, kann ich nur sagen, die Anspruchshaltung bei vielen ist eben, ich verändere mich nur, wenn ihr mir versprecht, dass das neue System gut funktioniert. Aber das wird es nicht geben: Es wird so oder so wehtun, es werden Dinge schiefgehen und wir müssen Dinge ausprobieren, ob es ein direktes Demokratie-Voting-System ist, ob es ein Rätesystem ist, wir müssen uns auf den Weg machen, wir müssen die Dinge ausprobieren. Jeder muss sich fragen, was kann ich verändern, schon in meinem Alltag? Wie kann ich meine Energie besser nutzen, wie kann ich meditieren, damit mein Geist stabil bleibt. Ich kann mich mit alternativen Geldsystemen beschäftigen, mit neuen digitalen Plattformen, mit solidarischer Landwirtschaft, mit freien Schulen und mit so viel mehr noch … Wir haben ganz viel zu tun. Die meisten verwenden noch ihr Google-Handy, ihr Apple-Handy und sind da noch nicht ausgestiegen, verwenden noch Euro und kümmern sich nicht weiter darum, außer ihre Euros zu vermehren. Nötig ist dieser Bewusstseinswandel, der wird sich sehr, sehr lange hinziehen …

Ralf Ludwig:

Ich möchte da noch vor einem Denkfehler warnen, den Michael nicht macht. Viele Menschen verlangen nämlich konstruktive Kritik, und hinter konstruktiver Kritik versteckt sich immer die Forderung nach Herrschaft, weil der, der konstruktiv kritisiert, hat ja schon eine Lösung und ist damit jemand, dem man folgen kann. Was Michael mit Querdenken meint und unternimmt, ist übrigens ein Postulat der Frankfurter Schule: destruktive Kritik. Ich bezeichne erst einmal das, was mich stört. Ich benenne das, was falsch ist, und schaffe das erst einmal ab, ohne dass ich schon weiß, was richtig ist. Die Forderung nach konstruktiver Kritik hält nämlich die Herrschaft des Bestehenden, die sagt, dass, was wir jetzt haben, bleibt gefälligst so lange bestehen, bis du was anderes präsentierst. Und Querdenken ist erst einmal nur auf die Straße gegangen und hat natürlich in dem Sinne positiv gesagt: Wir wollen die Grundrechte wiederhaben! Aber das Bild der Zukunft malt Querdenken nicht, sondern schafft den Raum, um das zu kritisieren, was schlecht ist, faul ist, morsch ist, und das muss weg. Was dann als Neues kommt, das wird sich schon bilden. Diese Herangehensweise ist eben herrschaftskritisch und deswegen wird Querdenken als so »gefährlich« angesehen.

Zu dem, was Michael gerade über den Bewusstseinswandel gesagt hat, gibt es den berühmten Satz von Karl Marx: Das Sein bestimmt das Bewusstsein. Da ist auch sicher was dran. Aber Querdenken dreht es gerade um: Wenn wir unser Bewusstsein nicht verändern, wird sich auch die äußere Realität nicht verändern.

Michael Ballweg:

Genauso ist es. Wir müssen Bewusstsein entwickeln. Aber das geht nicht, wenn ich acht oder zehn Stunden am Tag im Hamsterrad strampele. Ich will in einer Gesellschaft leben, in der die Menschen maximal vier Stunden am Tag arbeiten müssen und Zeit haben, mit Bewusstsein Dinge zu tun, die ihnen wichtig sind. Ich halte nichts von der Ablehnung der Digitaltechnik, wir wollen auch nicht ins Mittelalter zurück, sondern wir sind eine moderne Bewegung, die die Tools für sich nutzt. Genauso, finde ich, muss man Geld nicht dämonisieren und sagen, Geld ist per se schlecht, sondern auch Geld ist ein Werkzeug, das wir für unsere Zwecke nutzen. Wenn ich in der Langfristigkeit einer Bewegung denke, dann muss ich mir zwingend Gedanken darüber machen, wie wird diese Bewegung finanziert, wie werden die Menschen finanziert, die in der Bewegung arbeiten, die sich dafür einsetzen.

Wenn es nach der UN-2030-Agenda, dem WEF und Klaus Schwab geht, werden wir ja nichts mehr besitzen und werden glücklich sein …

Genau darauf wollte ich hinaus. Okay, Reset am Computer, da drückst du einen Knopf und da fährt die Kiste dann wieder hoch. Aber die Gesellschaft resetten ist eine andere Nummer, und wir haben ja gerade schon Punkte angesprochen: Geldsystem, Parteiensystem, parlamentarische Vertretung, all das. Wir brauchen Geld, wir brauchen auch ein Parlament als Werkzeuge der Demokratieumsetzung. Und wir stellen fest, die funktionieren nicht mehr so, wie sie sollen, und müssen also resettet werden.

Ich habe mir das im Gefängnis tatsächlich überlegt, habe es dann aber nicht mehr runtergeschrieben: Wir leben gerade in einem System, da wurde Demokratie 1.0 draufgespielt, 1945 nach dem Krieg. Und dann gab es ganz viele Updates, Software-Updates, und man weiß ja, wenn du Software zu oft updatest, dann funktioniert da nichts mehr. Irgendwann brauchst du eine neue Version der Software. Und jetzt ist die Frage, was für eine neue Version der Software laden wir denn hoch? Spielen wir da jetzt ein Windows 95 drauf und starten auf der Basis wieder? Also machen wir jetzt Demokratie 2.0 auf Basis von Demokratie 1.0?

Die Gegenseite hat ja ein Programm vorbereitet, das heißt Great Reset WEF 1.0, da steht ja ganz offen drin, wir wollen die Parlamente abschaffen, weil die KI es besser weiß als die Bürger, wir sagen dir schon, was du willst, wir sagen dir, was gut ist usw. Dem müssen wir unser Gegenprogramm entgegensetzen. Die entwickeln das ja schon die ganze Zeit, und wir haben jetzt erst angefangen, sind uns erst mal bewusst geworden, dass wir einen eigenen Programmentwurf machen müssen: Wir wollen Dezentralität, Subsidiarität, direktere Demokratie, dezentrale IT-Systeme und dies alles muss noch geschaffen werden, und das ist unsere Aufgabe.

Ralf Ludwig:

Was die 68er versucht haben, woran sie aber gescheitert sind, weil sie sich nie getraut haben: Wir brauchen eine Versöhnung mit einem nationalen Selbstbewusstsein. Die 68er haben immer gedacht, Hitler und die Nazis sind gekommen, weil es einen überbordenden Nationalismus gab. Mittlerweile wissen wir, dass das so nicht stimmt. Es war nicht der überbordende Nationalismus, der den Nationalsozialismus so groß gemacht hat. Das, was uns aktuell bedroht, was WEF und Konsorten da planen, ist ja ein Internationalsozialismus, globalistische Planwirtschaft.

Aber die Lösungen, die wir erarbeiten, die können wir ja erst mal nur national oder regional herstellen. Das Problem der Deutschen ist doch immer, wenn sie Lösungen haben, erinnern sie sich selbst an die Zeiten des Nationalsozialismus und sagen, wir dürfen nicht so selbstbewusst sein. Aber wenn wir hier jetzt eine neue Gesellschaftsform, neuen Umgang miteinander schaffen, erst mal auf dem Gebiet der Bundesrepublik Deutschland, ist der Umgang eben nicht »völkisch«, aber muss als Nation gedacht werden. Nation inkludiert immer auch, dass man das Gute von außen aufnimmt. Das ist, glaube ich, der Grundfehler der Linken, dass sie das immer wieder abwehren. Die politische Linke sagt immer, Debattenraum ist gut, diskutieren, miteinander reden ist gut, aber bitte ohne die Rechten. Und das funktioniert nicht, weil die Rechten eben auch Teil dieser Gesellschaft sind. Wir müssen die Begriffe sauber definieren, wofür steht denn rechts und wofür steht denn links, das ist ja alles total verdreht im Moment.

Michael Ballweg:

Das spielt bei mir eigentlich gar keine Rolle. Weil ich sage: Subsidiaritätsprinzip. Alles findet erst mal in der Kommune statt, und erst wenn die Kommunen sich ändern, wird es mehrere Kommunen geben, die sich verbinden, und die Veränderung läuft dann von unten nach oben. Die Debatte von oben zu führen, ist gar nicht so meins ...

Ralf Ludwig:

Wenn in Deutschland die Kommunen anfangen, Räte zu bilden und die Gesellschaft zu verändern, dann wird garantiert weniger vom Ausland, sondern eher im Inland die Kritik kommen, nein, das dürfen wir nicht, das ist schon wieder so eine nationale Eigentümlichkeit, die wir nicht haben dürfen.

Ich sehe die Unterscheidung zwischen Nationalismus und Patriotismus ganz einfach: Der Nationalismus grenzt sich ab, territorial, von anderen Nationen – negativ sozusagen. Und der Patriotismus, klassisch übersetzt als Liebe zum Vaterland, zum Mutterland, zu der Kultur, zum Essen usw. ist positiv konnotiert. Wir sind Patrioten, wir lieben unsere schwäbischen Spätzle, was auch immer, was aber nicht heißt, dass ich mich vom Sauerkraut distanzieren muss. Wir stellen doch auch fest, dass die EU – bei aller notwendigen Kritik an ihrer Bürokratie – auch große Vorteile hat, als Deutscher kann ich problemlos in Italien leben oder in Spanien und umgekehrt. Aber wir wollen keine McDonaldisierung des Essens, jede Region soll nach ihrem Gusto kochen, essen, tanzen, singen, was aber nicht heißt, dass ich die Nachbarregionen ablehnen und Grenzen ziehen muss. Der Nationalismus, der immer schon territorial definiert ist, hat irgendwann mal angefangen, dass die domestizierten Primaten gesagt haben, das ist jetzt unser Revier, und als ein anderer kam, sagten sie: Nein, das ist meins, und fingen an, sich sozusagen mit Scheiße zu bewerfen. Von diesem primatenhaften Denken müssen wir weg ... und da sind wir wieder beim Bewusstsein.

Michael Ballweg:

Selbstbewusst heißt ja nichts anderes als: Ich bin mir selbst bewusst. Ich bin 1974 geboren und hab mich oft gefragt, wann hört es auf mit dieser Schuld nach hinten, wann geht dieser Schuldkomplex weg. Wir müssen aus der Historie lernen, und ich behaupte mal auch querdenkend, wir müssen uns nicht kleiner machen, als wir sind, weil wir mit dieser historischen Schuld herumlaufen.

Aber Selbstbewusstsein bedeutet doch erst mal, das hat sich jetzt auch in der Corona-Zeit gezeigt, und das kann man jetzt auch wieder in der Ukraine sehen, sich selbst nicht zu schaden. Die Corona-Maßnahmen haben uns ja geschadet, das heißt, die Menschen haben Dinge gemacht, die ihnen selbst schaden. Der Ukraine-Krieg, die Sanktionen gegenüber Russland sind Dinge, die uns schaden. Und das meine ich mit Selbstbewusstsein. Bei sich selbst zu sein, sich seiner selbst bewusst zu sein und sagen, was brauche ich denn für mein Leben? Was brauchen wir als Kommune für unser Leben? Was brauchen wir als Staat? Aber es kann doch nicht sein, dass ein Staat sich in einem solchen Krieg selbst schädigt oder dass Menschen bei diesen Corona-Maßnahmen sich selbst schädigen. Das macht doch niemand, der selbstbewusst ist. Und das ist auch so ein bisschen die Botschaft von Querdenken: Bleib bei dir, sei dir deiner selbst bewusst und füge weder dir noch anderen Schaden zu.

Was viele auch nicht verstanden haben, ist dieses christliche Gebot der Nächstenliebe: Liebe deinen Nächsten wie dich selbst. Aber bevor du dich selbst lieben kannst, musst du wissen, wer du bist. Und nur wenn du deiner selbst bewusst bist und dich selbst liebst, kannst du auch deinen Nächsten lieben. Aber wenn ich im Hamsterrad bin, kann ich eigentlich nicht gut zu mir selbst sein. Wenn ich als Schuldensklave in das Rad gezogen bin, kann ich mich nicht selbst lieben und auch nicht den anderen. Und wir sehen ja immer mehr Menschen, die sich selbst nicht lieben, und entsprechend diesem christlichen Gebot behandeln sie die anderen genauso. Sie hassen sich und hassen auch die anderen. Und wer die anderen hasst, hasst auch sich selbst. Diese Veränderung im Bewusstsein, dieses: Sei doch erst mal selbstbewusst, liebe dich selbst, dann trittst du nach außen ganz anders, liebevoller auf – das ist Querdenken. Eigentlich ganz simpel, aber so simpel ist es.

Da sind wir beide als ehemalige katholische Messdiener jetzt bei den zehn Geboten gelandet …

Am Ende reduziert es sich in allen Regionen und Religionen auf diese Gebote. Überall landest du, wenn du über Ethik nachdenkst, bei diesen Geboten. Aber die protestantische Ethik ist das große Problem. Denn sie sagt: Wenn du kräftig strampelst im Hamsterrad, das gefällt dem lieben Gott. Und Amerika, die USA, sind der Staat der protestantischen Ethik, der sich auf der Welt verbreitet hat und sagt: Schaffe, schaffe, schaffe, schaffe bis ans Ende deiner Tage und dann trittst du vor deinen himmlischen Herrscher und der checkt die Liste, ob du auch wirklich alles geschafft hast. Das ist die Gesellschaft, in der wir leben, und da stellt sich jetzt Querdenken dagegen, das ist ja auch die globale Weltordnung, wir alle sollen schaffen, womit man uns quasi zu Sklaven erklärt. Das heißt: Man muss uns ja nicht mal zu Sklaven erklären, das Irre ist ja, wir machen uns selbst dazu.

Im Neo-Feudalismus, in dem wir global leben – 0,1% der Weltbevölkerung herrscht über 90% allen Lands und Besitzes –, werden die Sklaven nicht mehr mit der Peitsche auf die Galeere gezwungen, sondern sind Schuldensklaven.

Ich habe im Gefängnis gedacht, wir befinden uns jetzt in einer Zeitschleife, weil irgendwie kommt alles wieder. Und die Frage ist jetzt für uns, wie können wir diese Zeitschleife durchbrechen? Es geht nur dann, wenn die Menschen auf Kooperation setzen statt auf Konfrontation. Wenn wir uns im Kleinen verändern und dadurch kollektiv das Bewusstsein anheben, erweitern. Deshalb mache ich diese großen Gedankenspiele im Sinne von, wie könnte jetzt eine Welt aussehen, nicht so gerne, weil mich das von dem kleinen Verändern wieder abhält. Deshalb sage ich lieber, ich mache mal was, heute probiere ich mal Bitcoin aus. »Small is beautiful« sozusagen. Also, lieber dieses Machen, Ärmel hochkrempeln, Dinge ausprobieren, gucken, wo es hinführt. Wenn es gut ist, werden es viele Leute automatisch mögen und mitmachen. Wenn es schlecht ist, dann mache ich halt das Nächste. Also eher dieses Trial-and-Error-Prinzip. Ich weiß gar nicht, wahrscheinlich gibt es auch einen Fachbegriff dafür in der Literatur oder einen systemischen Gedanken, der dahinter ist.

Nur so kommt man aus der Zeitschleife raus. Wer sich an die Geschichte nicht erinnert, muss sie wiederholen – und bleibt immer nur in der Schleife. Wir wollen aber eine Spirale.

Genau. Und eine Spirale ändert sich aber immer nur einen halben Zentimeter oder so. Und wenn wir die Welt verändern, verbessern, das System, was uns marode vorkommt, optimieren wollen, dann müssen wir bei uns anfangen und dann müssen wir ein Selbstbewusstsein haben. Und Kooperationsbereitschaft und eine Fehlerkultur. Das große Problem ist, dass immer alle sagen, es muss alles sofort perfekt sein, und ich mache nur mit, wenn es perfekt ist. Nein, jeder muss die Ärmel hochkrempeln und am Perfekten mitarbeiten. Und vor allem ist mein »perfekt« hoffentlich ein anderes als dein »perfekt« und ein anderes als Ralfs »perfekt«.

Ralf Ludwig:

Das Wort, das du vorhin gesucht hast, ist übrigens Scheitern.

Michael Ballweg:

Ja, das Scheitern ist wichtig. Wir sind in einer Situation, die wir alle noch nicht kannten, die wir alle noch nicht hatten, und wir versuchen Dinge. Und das Wesentliche ist genau die Fehlerkultur. Du musst natürlich scheitern. Thomas Alva Edison wurde mal gefragt, ob er sich geärgert hat, dass es mit seiner Glühbirne so lange nicht klappte, und hat darauf gesagt: Nein, ich habe immerhin tausend Wege gefunden, wie es nicht funktioniert.

Ich habe 2007 ein Buch über das Scheitern geschrieben, es hatte den Titel: Cogito ergo bum.

Sehr gut. Wenn ich anfange zu denken, geht gleich was schief. Das gilt fürs Querdenken und alles andere. Und zu dem »bum« muss man bereit sein. Ich kann zwar denken, aber ich denke bei Weitem nicht perfekt. Und deshalb kann die Idee oder das Ding jederzeit explodieren, kaputt gehen, falsch sein. Und dann darf ich trotzdem Freude daran haben. Ein Kind baut eine Sandburg, aber setzt sich nicht hin und stellt dann Wachen außenrum, wenn sie kaputt geht. Es hat Freude dran, weil das Spiel dann ausgespielt ist, und baut eine neue Burg. Und ja, Querdenken ist auch gescheitert sozusagen. Wir konnten die Corona-Politik nicht revidieren. Aber wir sind auch nicht gescheitert, denn die Menschen haben sich selbst ermächtigt. Insofern ist aus Querdenken schon das geworden, was es sein sollte, nämlich eine dezentrale Bewegung. Darin hatten wir großen Erfolg.

Auch Querdenken wird, wenn man es sich genauer anguckt, eine Abfolge von Scheitern sein, auf der man dann eben wieder die nächste Stufe aufbaut. Wir haben Freude dabei. Ich sehe Scheitern gar nicht als etwas Negatives an, sondern als etwas Notwendiges. Die erfolgreichsten Leute sind diejenigen, die in ihrem Leben häufig gescheitert sind. Und trotzdem wieder aufgestanden sind. Das Entscheidende ist nämlich: einmal mehr aufstehen als hinfallen.

Ralf Ludwig:

Fehlerkultur entwickeln ist ein ganz entscheidender Punkt. Im Prinzip, wir hatten ja gestern darüber gesprochen, machst du als Informatiker ja auch nichts anderes. Du schreibst einen Code, du probierst aus, ob es funktioniert, dann funktioniert es nicht, du scheiterst. Und dann schaust du, wie geht es weiter. Ich mache das ja mit meinem Legal Tech genauso. Ich sehe mir ja nicht die Entscheidung an, die ich gewonnen habe, sondern die, die ich verloren habe. Und dann verändere ich etwas. Im Prinzip geht man immer durch eine Abfolge von Scheitern, um seine Sache dann wieder besser zu machen. Am Ende ist nur die Frage, stehst du noch da oder nicht.

Und Querdenken steht noch da, während viele andere, die auch zwischendurch mal von Querdenken abgespalten waren und gesagt haben, wir machen das besser, die haben dann zwei, drei Demos gemacht, sind gescheitert und dann nach Hause gegangen.

Michael Ballweg:

Bei Querdenken ist es natürlich eine Evolution. Es wäre ja schlimm, wenn wir noch genauso wären wie vor drei Jahren. Wir sind uns halt bewusst geworden, dass das Problem nicht nur Corona heißt, sondern viel größer ist. Corona nur ein Aspekt.

Ralf Ludwig:

Vor drei Jahren hast du noch geglaubt, dass man alles ehrenamtlich organisieren kann. Das geht nicht, das weiß man jetzt. Dann hattest du die Idee, wir machen ein Bankkonto, geht auch nicht. Dann haben wir gedacht, der Verfassungsschutz schützt die Verfassung, aber haben halt auch gelernt.

Wir sind jetzt am Ende unseres Gesprächs, und ich finde, das sind schöne Gedanken zum Schluss: Den Menschen die Angst zu nehmen, vorm Scheitern, den Leuten klarzumachen, hör zu, es kommt auf dich an. Es kommt nicht drauf an, was der andere über dich sagt, nein, du bist es. Und du kannst Dinge erkennen, Cogito, die vielleicht auch scheitern, bum, aber du bist derjenige, welcher …

Ralf Ludwig:

Das ist ja der Irrsinn, dass Michael dafür immer kritisiert wurde. Viele Leute sind mit Ideen gekommen, und Michael hat gesagt, ja, mach das, setze es um. Wenn ich dich irgendwo unterstützen kann, mache ich das gerne, aber setze es um. Michael hat genau das immer gesagt, hab deine Ideen, geh an deine Sachen ran, an das, was dir wichtig ist, setze es um. Und wenn du denkst, ich kann doch nicht, ja dann mal einfach nur ein kleines Transparent.

Michael Ballweg:

Alle Menschen haben ganz verschiedene Potenziale, Kenntnisse, Wissen, Können und so weiter. Es kann nicht jeder immer alles, aber jeder kann was. Und vor allem: Was jeder kann, ist friedlich mitmachen. Das war es, was wir immer gesagt haben, 20.4

Grundgesetz heißt nicht gewaltsamer Sturz, sondern friedlicher Widerstand. Und das heißt einfach, ich mache bei vielen Dingen nicht mit. Unsinnige Maßnahmen mache ich nicht mit, ich kann beim Geldsystem nicht mehr mitmachen, ich kann bei Google nicht mehr mitmachen, ich kann bei so vielen Dingen einfach nicht mehr mitmachen. Und damit bin ich schon ein großer Teil der Veränderung – automatisch.

Am 19. Oktober 2023 traf ich Michael Ballweg und Ralf Ludwig in Neu-Isenburg, um die letzten Details unseres Buchs und der Gestaltung zu klären. Sowie natürlich über den einem Freispruch gleichkommenden »Nichteröffnungsbeschluss« des Landgerichts Stuttgart zu sprechen, dessen Große Wirtschaftsstrafkammer die Anklage der Staatsanwaltschaft in einem 40-seitigen Schriftsatz zurückgewiesen hat. Die umgehende staatsanwaltliche Beschwerde gegen den Beschluss, kein Strafverfahren zu eröffnen, ist beim Oberlandesgericht noch anhängig. Michaels private Konten sind noch immer arrestiert, die absurde Anklage wegen »versuchter Steuerhinterziehung« – weil er während der Untersuchungshaft seine Steuererklärung nicht abgegeben hatte – ist noch immer nicht zurückgezogen.

Auch nach diesem Beschluss bist du immer noch kein wirklich freier Mann?

Michael Ballweg:

Nein, also es gab ja noch den zweiten Vorwurf, der erst erhoben wurde, nachdem ich inhaftiert wurde, wegen versuchter Steuerhinterziehung. Die Frist für die Abgabe meiner Steuererklärung war der 31.8.2022. Inhaftiert wurde ich am 29.6.2022. Man wirft mir also vor, dass ich aus dem Gefängnis heraus nicht in der Lage war, meine Steuererklärung abzugeben. Man muss dazu sagen, in U-Haft ist man 23 Stunden eingesperrt. Man darf nur mit seinem Anwalt telefonieren, man darf zweimal pro Monat mit seinen Angehörigen sprechen, 60 Minuten. Das ist alles, die Post wird durch die Staatsanwaltschaft überwacht. Das heißt, ich habe Postlaufzeiten von mindestens 14 Tagen auf einem Weg, und wenn der Brief zurückkommt, noch mal 14 Tage. Das heißt, selbst wenn ich am ersten Tag gleich meinem Steuerberater geschrieben hätte, wäre das durch den Zeitverzug schon mal absurd gewesen, und man hat halt nur Stift und Papier. Der Vorwurf ist also absurd und konstruiert. Dieser Teil der Anklage ist zugelassen, wobei das Gericht an die Staatsanwaltschaft schon selbst geschrieben hat, wir lassen die Klage zwar zu, aber wir haben Zweifel daran, dass die Untersuchungshaft da förderlich war, weil Herr Ballweg dadurch gehindert war, wirksam tätig sein zu können.

Immerhin hat das Landgericht mit der Zulassung dieses Punkts der Presse ermöglicht, den potenziellen »Steuerbetrüger« noch ein bisschen stehen zu lassen. Du fühlst dich noch nicht rehabilitiert?

Nein, natürlich nicht. Da muss jetzt noch viel passieren. Die Leitmedien berichten bis heute nicht darüber, obwohl viele Journalisten natürlich die Wahrheit kennen. Es gibt ja ein Anwaltsteam, das während meiner Haft immer Pressemitteilungen rausgegeben hat.

Wir haben natürlich auch das Thema Schadenersatz, was aufgearbeitet werden muss; das Thema Strafverfolgung der Täter, also der Staatsanwältin, der Gerichte, die sich dort unseres Erachtens strafbar gemacht haben. Wir haben eine presserechtliche Aufarbeitung oder eine journalistische Aufarbeitung der Sache zu machen, denn interessanterweise sind die Willkür und Rechtsbrüche (Freiheitsberaubung, Rechtsbeugung, Vollstreckung gegen Unschuldige) in den Akten der Staatsanwaltschaft dokumentiert.

Die Bürokratie funktioniert offensichtlich.

Die Bürokratie funktioniert, man hat sich da aber irgendwie selbst belastet, so würde ich es mal nennen. Insofern wird noch viel Arbeit sein, aber für mich ist es wichtig, dass wir das jetzt aufarbeiten, weil so was wie die Corona-Pandemie oder auch die ganze

Willkür mit meiner Haft, die kann nur in Dunkelheit stattfinden. Sobald ein Scheinwerfer draufkommt – über Öffentlichkeitsarbeit, über Reichweite – funktioniert das mit der Willkür nicht mehr. Dann bekommen der Rechtsstaat oder die Rechtsstaatssimulation und die Demokratiesimulation zu viele Löcher. Das heißt, dann könnten zu viele Menschen kritisch werden und sagen, da passiert vielleicht was Falsches in diesem Land. Deshalb ist es mir persönlich ganz wichtig, diese Aufarbeitung zu machen.

War und ist das Ganze nur ein »normaler« Justizirrtum oder ein politischer Fall?

Ich glaube, dass es politisch motiviert war, weil sich die Querdenken-Bewegung als außerparlamentarische Bewegung so rasant entwickelt hat. Man hat ja gesehen, dass jede Woche in irgendeiner Stadt eine neue Querdenken-Initiative entstanden ist. Und ich glaube, für so eine Bewegung hat das System keine Abwehrmechanismen, außer einfach wild um sich zu schlagen. Das haben wir gesehen mit den Verboten von Demos, die immer willkürlicher wurden, und dass viele Kritiker einfach Hausdurchsuchungen bekommen haben. Weil ich immer nur über Grundrechte, Liebe, Friede, Freude und Wahrheit auf der Bühne gesprochen hatte, war ich bis zum Schluss der Überzeugung, dass mir das erspart bleibt. Ich wurde dann eines anderen belehrt. Für mich ist es auf jeden Fall politisch motiviert – und es ist ein Justizskandal, auch dazu bräuchte es eigentlich einen Untersuchungsausschuss, der das dann aufarbeitet. Da sind wir dran, und ich werde mein Bestes tun, dass diejenigen, die dafür verantwortlich waren, auch zur Verantwortung gezogen werden.

Wie wird das juristische Verfahren jetzt weitergehen?

Ralf Ludwig:

Zunächst einmal hat das Oberlandesgericht – nicht derselbe Senat, der sich während der Haft mit der Sache beschäftigt hatte, sondern ein anderer – wesentlichen Anteil daran, dass Michael Ballweg so lange in Haft gesessen hat. Aus meiner Sicht hat das Oberlandesgericht die sofortige Beschwerde der Staatsanwaltschaft zurückzuweisen. Der Nichteröffnungsbeschluss des Landgerichts ist sehr, sehr gut argumentiert, ich kann mir kaum vorstellen, dass das Oberlandesgericht das anders sehen wird. Denn wenn das Ganze tatsächlich in ein Hauptsacheverfahren geht und dann möglicherweise am Bundesgerichtshof endet, wird es ein Desaster für das Land Baden-Württemberg. Anders kann man es nicht sagen. Deswegen erster Punkt: Das Oberlandesgericht sollte jetzt ganz klar sagen, das Landgericht hat Recht. Die Anklage wird nicht zugelassen, weil sie offensichtlich nicht schlüssig ist und keine Strafbarkeit zu sehen ist.

Der zweite Punkt ist das Steuerverfahren. Ich weiß, dass Michael Ballweg jetzt mit hervorragenden steuerlichen Beratern im Hintergrund alle Steuerklärungen gemacht hat. Es sind alles Minuszahlen. Also das, was er von Anfang an gesagt hat, nämlich, dass er Geld reingesteckt hat in die Bewegung und nichts rausgezogen, hat sich jetzt in den steuerlichen Erklärungen, die abgegeben sind, bewahrheitet. Er hat Erhebliches an eigenem Geld in die Bewegung gesteckt und nichts für sich rausgenommen. Das heißt, auch steuerlich ist nichts offen, selbst wenn die Steuererklärung zu spät abgegeben ist. Das heißt also, da muss dann ein Freispruch kommen vor dem Landgericht. Und die Staatsanwaltschaft sollte selbst den Freispruch fordern, dann auf Rechtsmittel verzichten und sich danach in dem Verfahren noch bei ihm entschuldigen.

Damit ist es aber nicht getan, oder?

Danach wird natürlich das Haftentschädigungsverfahren losgehen, auch das Schadenersatzverfahren. Michael Ballweg hat sicherlich einen Schaden in Millionenhöhe erlitten. Weil er diese 279 Tage in Haft war, ist seine Firma kaputt. So wie auch eine weitere, an deren Aufbau er arbeitete. Wenn man so lange in Haft ist, kann man sein Unternehmen nicht führen. Was die Haftentschädigung betrifft, werden dann sicherlich nicht die 75 Euro am Tag, die nach dem deutschen Strafrechtsentschädigungsgesetz vorgesehen sind, eingefordert werden, sondern eine erheblich höhere Summe nach den Maßstäben der Europäischen Menschenrechtskonvention. Das heißt, auch da sollte das Land Baden-Württemberg dann nicht groß rumzicken und sagen, wir zahlen maximal die 75 und wir geben keinen Schadenersatz, kein Schmerzensgeld für das, was Ihnen passiert ist. Da sollte sich das Land Baden-Württemberg sehr großzügig zeigen und den Verrechnungsscheck dann in einem schönen Briefumschlag mit Schleifchen und Entschuldigungsschreiben vom Ministerpräsidenten an Herrn Ballweg schicken. Und vielleicht noch mit einem Schreiben dran: Herr Ballweg, wir danken Ihnen für Ihren Einsatz für die Grundrechte und ziehen natürlich unsere Beobachtung des Verfassungsschutzes gegen Sie zurück.

Du rechnest damit wahrscheinlich nicht?

Nein.

Rudolph Bauer

Deserteur, Mönch, Digitalaktivist, Igel und Karlspreisträger

Inzwischen sind drei bzw. bald vier Jahre vergangen seit Beginn der Querdenken-Bewegung gegen die weltweit inszenierte Hygienediktatur. Zurück liegt ebenso der Zeitpunkt der rechtswidrigen Festnahme und neunmonatigen Einkerkerung – beschönigend als Untersuchungshaft bezeichnet – eines der medial wohl bekanntesten ihrer Begründer. Vor diesem Hintergrund kommt dem Gespräch von Mathias Broeckers mit Michael Ballweg und seinem Anwalt Ralf Ludwig eine besondere Bedeutung zu. Dieses Gespräch lässt beispielhaft und blitzartig Neues und Überraschendes erkennen.

In der Bundesrepublik haben sich – plötzlich und scheinbar unerwartet – völlig neue, politisch bislang kaum in Erscheinung getretene Akteure beim außerparlamentarischen Protest zu Wort gemeldet und zum demokratischen Widerstand vereinigt. Neuartige Netzwerk- und Organisationsstrukturen haben sich herauszubilden begonnen. Diese nicht vorhergesehene Entwicklung erklärt die Verbissenheit und Brutalität, mit welcher die etablierten Akteure und ihre Institutionen gegen die Querdenken-Bewegung vorgegangen sind, paradigmatisch gegen Michael Ballweg.

Da hat doch tatsächlich jemand aus der Mitte der Gesellschaft es gewagt, aus der Reihe zu tanzen. Ballweg, ein »Unpolitischer«, ein »gut Bürgerlicher«, ein – im herrschenden Jargon – erfolgreicher Unternehmer ist übergelaufen. Ein Deserteur! Er hat sich auf die »andere Seite« geschlagen und dort sein digital-technologisches Wissen, seine organisatorischen Erfahrungen und Fähigkeiten, ja auch seine beherzte »Naivität« eingebracht. Er war zwar nicht der Einzige, der »Klassenverrat« begangen hat. Er ist auch nicht der Einzige, dem es exemplarisch heimgezahlt wird, dass er gegen den Strom geschwommen ist. Man denke etwa an die Politikprofessorin Ulrike Guérot und den Kommunikationswissenschaftler Michael Meyen. Oder an Journalisten wie Uli Gellermann, Anselm Lenz, Hendrik Sodenkamp, KenFM und nicht wenige Blogger und Social-Media-Autorinnen, die namentlich aufzuzählen viele Seiten füllen würde. Zu erinnern ist auch an bekannte Forscher, Schauspieler, Ärzte und Juristen, sogar an einige wenige Politiker, die als »Covidioten«, »Aluhüte« und »Nazis« abgewertet und verfemt wurden.

Politisch war Michael Ballweg bis 2020 ein unbeschriebenes Blatt. Er war weder ein klassischer Linker noch ein Woke-»Linker«. Er kam nicht aus der Gewerkschafts- oder Friedensbewegung, nicht aus kirchlichen Kreisen oder den organisatorischen Zusammenhängen der Antiatom-, Fluchthelfer- und Umweltbewegung. Selbst wenn die Denunzianten-Mafia ihn als »rechtsextremistisch«, »antisemitisch« oder »Nazi« etikettiert, ist er wahrlich keiner von den »Rechten«, deren Horizont nur bis zu den Landesgrenzen reicht.

Er wurde politisch nicht in den Vorfeldagenturen der bundesrepublikanischen Machtapparate sozialisiert – und entsprechend angepasst, umgedreht und verdorben: Etwa in einer der bundesdeutschen Parteien, in einem der propagandistischen Mainstream-Medien, im angepassten Wissenschaftsbetrieb oder in den grauen bürokratischen Apparaten. Als »Überläufer« war er plötzlich nicht mehr berechenbar, nicht kalkulierbar, nicht domestizier- und zähmbar, nicht bestechlich.

Als politischen Aktivisten hatte man ihn nicht auf der Rechnung. Er bewegte sich nicht in den eingefahrenen Gleisen. Gerade das machte ihn aber zum gefährlichen Kritiker und querdenkenden Gegner, zum Staatsfeind Nr. 1. Deshalb wurde und wird er von fast allen Seiten angefeindet: Von links als Esoteriker, Kontaktschuldiger und »Rechter«; von rechts als nicht einzugemeindender Freigeist; von den Systemwächtern als gemeingefährlicher angeblich Krimineller.

Infolge des verbrecherischen Umgangs mit Julian Assange ist es kein Geheimnis: Die wirksamste Methode, jemandem politisch zu schaden, besteht darin, ihn auszuschalten, ihn in denunziatorisch und zugleich abschreckender Weise an den Pranger zu stellen und vor seinen Anhängern zu diskreditieren, über ihn falsche, aus dem moralischen Hut gezauberte Anschuldigungen zu verbreiten, ihn einzukerkern, seine sämtlichen Konten zu sperren und ein undurchsichtiges, kostspieliges Justizverfahren loszutreten.

Im Unterschied zu den verbissenen Etablierten und ihren Wachhunden besitzt Michael Ballweg allerdings Humor und innere Ruhe. Er will auch nicht Recht haben oder unbedingt Recht behalten. Er will stattdessen zu den wichtigen Fragen der Gegenwart den notwendigen demokratischen »Debattenraum schaffen« und diesen diskursiv erweitern. Er versteht seine Rolle nicht als Vorturner und Zentralfigur, sondern er wirbt für die Dezentralisierung der Bewegung und bringt sie auf diese Weise voran.

Es ist naheliegend, dass die Medien deshalb andere Wege gehen müssen in ihrem Versuch, ihn zu diskriminieren, und so aufgeregt fies in ihrer Berichterstattung über ihn und die Querdenken-Bewegung lamentieren: denn Ballweg hat sich nicht zur prominenten, auflagensteigernden Gallionsfigur stilisieren lassen. Er hat sich medial nicht missbrauchen lassen.

Michael Ballweg nutzt kein rhetorisches Charisma, nicht die Ausstrahlung eines revolutionären Volkstribuns, sondern spricht unmittelbar und direkt vom Herzen zu den Herzen Er ist freiheitsbesessen, »schnell« und fortschrittsaffin in Fragen der Digitalisierung. Für die Berliner Politikdarsteller (m/w/d) sind das Netz und die Künstliche Intelligenz im Unterschied dazu Instrumente zur Überwachung und zur gehorsamen Versklavung der Lohnabhängigen und der Konsumenten. Für Ballweg sind sie Werkzeuge und wie jedes Werkzeug nicht böse und nicht gut: Digitalisierung kann auch im Sinne der Freiheits- und Menschenrechte genutzt werden.

Im Gegensatz zu den Herrschenden, die an Unterwerfung und Botmäßigkeit interessiert sind, fordert Ballweg die Bereitschaft zur Eigenverantwortlichkeit und Selbstbestimmung. Vieles, wovon er überzeugt ist und wofür er sich einsetzt, fügt sich nicht ein in die gängige Simulation von Demokratie und Rechtsstaat. Er weiß und betont: »Widerstand tut weh.« Er erklärt, auch Veränderung schmerze. Aber: »Dann doch lieber so verändern, wie wir es wollen!« Er fordert zu Recht, Neues auszuprobieren. Doch er weiß auch und leugnet nicht, »dass es schiefgehen kann«.

In der Lage zu sein, aus dem Scheitern zu lernen, verlange nach einer »Fehlerkultur«. An ihr mangele es der herrschenden Politik ebenso wie den meisten ihrer Kritiker und Gegner. Letztere betonieren ideologische Grundsätze, statt sie immer wieder in Frage zu stellen und zu überdenken.

Umgekehrt werden von der herrschenden Politik falsche Entscheidungen nicht oder nicht rechtzeitig eingestanden und öffentlich korrigiert. Kritiker werden nicht ernst genommen, sondern ausgegrenzt, verächtlich und mundtot gemacht. Obrigkeitliche

Entscheidungen gelten als sakrosankt und werden von höchsten richterlichen Instanzen abgesegnet. Wer sich ihnen widersetzt, dem drohen Strafen und das Gefängnis.

Ballweg – aber nicht nur er – verkörpert in seinem widerständigen Handeln eine wahrhaft neue Art Politik. In seiner Art zu denken setzt er auf den Bewusstseinswandel. Die Stuttgarter Justizvollzugsanstalt beschreibt er nicht ohne Ironie als »Kloster Stammheim«. Dort interniert worden zu sein (ohne Anklage, ohne Urteil, ohne zeitlich erkennbare Perspektive auf Freilassung), beabsichtigt aus Sicht derer, die ihre Macht bedroht sehen, dass die Inhaftierten systematisch gebrochen werden in mentaler und psychischer Hinsicht.

Um die empfindliche Folter der handlungsbeschränkten Ungewissheit, was die Zukunft betrifft, und um die drakonisch angeordnete Vermögenslosigkeit unbeschadet auszuhalten und zu überstehen, nutzte Ballweg den Knastaufenthalt – wie die Mönche in »Der Name der Rose« von Umberto Eco – zum Meditieren und zum Studium von Büchern, etwa auch der Schriften des Anthroposophen Rudolf Steiner. Ähnlich wie Sri Aurobindo Ghose (1872–1950), der indische Freiheitskämpfer gegen die britische Besatzung, so entdeckte auch Ballweg als politischer Gefangener die besondere Kraft der Meditation und des dadurch gestärkten Bewusstseins der – potenziell – göttlichen Natur des Menschen.

Es würde zu weit führen (und der Gegenseite die Analyse unverdient erleichtern), hier im Nachwort aufzulisten, auf welche Weise und in welchem Umfang Michael Ballweg den Rahmen der Methoden zur Austragung politischer Konflikte erweitert hat. Während zum Beispiel Theodor Ebert in seiner Studie »Gewaltfreier Aufstand. Alternative zum Bürgerkrieg« (Freiburg 1968) die Erfahrung der Protest-Aktionen im Zeitraum von vor mehr als einem halben Jahrhundert zusammengetragen hat, geht Ballweg entscheidend weiter. Er verfährt hochgradig zeitaktuell: Ein politischer Akteur in der Periode des sogenannten Neoliberalismus und der Digitalisierung. Er hängt nicht an den mechanischen Methoden einer Schein-Opposition, die herrschaftlich längst eingehegt wurde und nur noch das demokratische Alibi abgibt für das, was für den politischen Philosophen Sheldon S. Wolin eine Art »Umgekehrter Totalitarismus« (Frankfurt/Main 2022) ist. [In der Originalausgabe lautet der Titel der Wolin-Veröffentlichung noch deutlicher: »Democracy Incorporated: Managed Democracy and the Specter of Inverted Totalitarism« – zu Deutsch: »Demokratie-AG. Gelenkte Demokratie und der Spuk eines spiegelverkehrten Totalitarismus«.]

So spricht Michael Ballweg beispielsweise von den Erfordernissen des digitalen Aktivismus, nämlich jederzeit veränderungsbereit und vor allem »schneller« zu sein als die Kommerziellen. Es sei an der Zeit, sich aus der Abhängigkeit von den bestehenden Digital-Plattformen zu befreien und für die Entwicklung neuer Lösungen offen zu sein.

Wenn Ballweg sich über die Notwendigkeit gesellschaftlicher, politischer und ökonomischer Veränderungen äußert, schwebt ihm – mit meinen Worten – eine Art »Hase und Igel«-Prinzip vor. Bei den Querdenken-Aktionen konnte er den Grundsatz der Schnelligkeit durch Präsenz genial umsetzen, und zwar sowohl personell als ein Akteur im Team, wie auch strukturell-systemisch, d. h. bei der Planung und organisatorischen Umsetzung. Selbst während er inhaftiert war, war er – bei aller Behinderung und trotz der Erschwernisse durch das entmündigende Wegsperr-System – den Verfolgern voraus. Statt sich am krassen Gegenteil der Einkerkerung zu orientieren und sie abstrakt zu negieren (um letztlich daran zu zerbrechen – so, wie der Hase beim Wettlauf mit dem Igel schließlich zusammenbricht), hat er »das Beste« daraus gemacht: nämlich meditiert, viel gelesen und dazugelernt, Kontakte zu den Mitgefangenen geknüpft, Verbindung nach Draußen hergestellt.

Daraus ist zu lernen, dass Menschen frei sind, wenn sie begreifen, dass ihr Bewusstsein nicht durch Gefängnismauern und Stacheldraht beschränkt werden kann. Nicht durch die Mächtigen und ihre Drahtzieher. Nicht durch diejenigen, die den Menschen schaden oder sie vernichten wollen, die Bösartigen und Gemeinen der Kabale. Auch nicht durch das Programm des sogenannten Transhumanismus. Menschen sind frei, indem sie bewusst ihre eigene Mitte aufsuchen und bei sich bleiben. Nicht aber, indem sie etwa einem Klaus Schwab und seinem »Great Reset« hinterherlaufen. Oder einem Bill Gates, einer von der Leyen, einem Cum-ex-Kanzler und einem Vizekanzler aus der Kinderbuchsparte. Nicht den CO2-Gläubigen, dem pharmazeutisch-industriellen, dem digital-industriellen und dem militärisch-industriellen Komplex und wem auch immer. Die Anstrengung des Ein- und Überholen-Wollens macht kaputt, statt das Bekämpfte kaputt zu machen.

Das Gespräch von Mathias Broeckers mit Michael Ballweg und seinem Anwalt Ralf Ludwig ist – als Fazit – mehr als eine Art Zwischenbilanz. Es zeigt auf und lässt erkennen, dass die Gegenwart offen ist für Neues in der Zukunft. Die Gegenwart knüpft in offener Weise auch an die Vergangenheit an: bei jenen Fortschrittlichen in der Geschichte, die sich für Demokratie und Freiheit eingesetzt haben und deshalb ebenfalls verfolgt wurden.

Michael Ballweg erhält den nach Karl Marx benannten Kölner Karlspreis der Neuen Rheinischen Zeitung. Diese Auszeichnung ist nicht nur ad personam verdient. Sie gilt auch all jenen, die sich dem Regime des Corona-Terrors widersetzt haben und sich der aktuellen Kriegshetze widersetzen. Sie soll ein Ansporn sein, dass eine politische Bewegung wie Querdenken viele weitere Menschen motiviert, sich als digitale Aktivisten mit Mut, Leidenschaft und Ausdauer für die wahre Demokratie, für eine gerechte Gesellschaft und gegen den kriegerischen Militarismus einzusetzen.

QUERDENKEN

711 – Stuttgart

Wir bestehen auf die ersten 20 Artikel unserer Verfassung, insbesondere auf die Aufhebung der Einschränkungen durch die Corona-Verordnung von:

- Artikel 1: Menschenwürde - Menschenrechte - Rechtsverbindlichkeit der Grundrechte
- Artikel 2: Persönliche Freiheitsrechte
- Artikel 4: Glaubens- und Gewissensfreiheit
- Artikel 5: Freiheit der Meinung, Kunst und Wissenschaft
- Artikel 7: Schulwesen
- Artikel 8: Versammlungsfreiheit
- Artikel 11: Freizügigkeit
- Artikel 12: Berufsfreiheit

Wir sind überparteilich und schließen keine Meinung aus - nach Wiederherstellung des Grundgesetzes sind dafür wieder alle demokratischen Mittel vorhanden.

Die Versammlungen dienen ausschließlich der Erreichung der oben genannten Ziele.

Querdenken 711 ist eine Initiative von
Michael Ballweg, Werfelweg 8, 70437 Stuttgart
Weitere Informationen: https://t.me/querdenken711